연표를 통해 한국사를 한눈에

한국사
그림요점노트

연표를 통해 한국사를 한눈에
한국사 그림요점노트

1판 1쇄 인쇄 | 2019. 3. 15.
1판 1쇄 발행 | 2019. 3. 20.

김의경 글 | 김혜연, 정소연 그림

발행처 도서출판 거인
발행인 박형준
책임편집 안성철
디자인 박윤선
마케팅 이희경 김경진
등록번호 제2002-000121호
주소 서울시 마포구 와우산로 48 로하스타워 803호
전화 02-715-6857
팩스 02-715-6858

값은 표지에 있습니다.
ISBN 978-89-6379-175-3 73910

연표를 통해 한국사를 한눈에

한국사를 단숨에 배우는 방법

한국사 그림요점노트

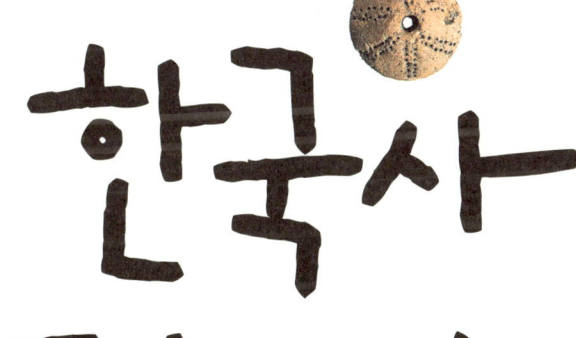

글 김의경 그림 김혜연 정소연

거인

차 례

BC 700000~8000년 **한반도의 첫 인류** … 8

BC 8000~2333년 **신석기 시대 사람들** … 12

BC 2333~300년 **최초의 나라, 고조선** … 16

BC 300~10기년 **철기 문화의 시작** … 20

BC 10기~AD 5기년 **초기 국가 시대** … 24

AD 5기~314년 **삼국의 형성** … 28

AD 314~391년 **삼국의 발전** … 32

AD 391~503년 **고구려의 강성** … 36

AD 503~610년 신라와 백제의 부흥 … 40

AD 610~696년 삼국의 통일 … 44

AD 696~885년 남북국 시대 … 48

AD 885~936년 후삼국과 고려 … 52

AD 936~1076년 고려의 안정 … 56

AD 1076~1200년 고려 말의 혼란 … 60

AD 1200~1350 몽골의 침입 … 64

AD 1350~1392년 고려의 멸망 … 68

AD 1392~1418년 조선의 건국 … 72

AD 1418~1484년 조선의 발전 … 76

AD 1484~1590년 사림과 사화 … 80

AD 1590~1649년 임진왜란과 병자호란 … 84

AD 1649~1800년 다시 일어서는 조선 … 88

AD 1800~1873년 개화와 척화 … 92

AD 1873~1897년 조선을 흔드는 바람 … 96

AD 1897~1913년 대한제국과 을사조약 … 100

AD 1913~1931년 독립을 향한 열망 … 104

AD 1931~1945년 되찾은 나라 … 108

AD 1945~1960년 전쟁과 분단 … 112

AD 1960~1988년 민주화를 향한 꿈 … 116

AD 1988~2009년 평화와 번영의 시대 … 120

한국의 역대 왕과 통치자 … 124

어휘 사전 … 129

BC 700000~8000년
한반도의 첫 인류

옛날 옛날에 한반도에도 인류가 살았을까?
한반도의 역사는 어떻게 시작되었을까?
아주 오랜 옛날 아프리카에서 이동을 시작한 호모 에렉투스가 한반도에 도착하면서부터 한반도의 역사는 시작되었다.
그 무렵 심한 기후 변동이 일어났다.
추워지는 **빙하기**와 따뜻해지는 **간빙기**를 반복하면서 세상이 변해갔다. 바다였던 곳은 대륙이 되고, 대륙과 대륙끼리 서로 붙어 길이 열렸다. 호모 에렉투스는 더 나은 곳을 찾아 아시아로, 유럽으로 길을 떠났다. 그들은 그 당시 육지였던 서해를 걸어서 한반도 땅에 도착했다.
인류가 첫발을 딛자, 한반도가 숨을 쉬기 시작했다.
호모 에렉투스는 추웠던 이 땅에 불을 피우고, 우리가 살고 있는 바로 이곳 한반도에 터를 잡았다.
이로써 한반도에 첫 인류가 살게 되었고 역사는 굽이굽이 이어지고 이어져서 현재 우리 삶까지 이르게 되었다.

BC 700000~8000년
중요한 사건

BC 700000년경 아프리카를 떠난 호모 에렉투스가 인도와 중국을 거쳐 한반도에 도착했다. 서해 바다가 육지로 되어 있어 쉽게 올 수 있었다. 이때 호모 에렉투스가 사용하던 도구와, 함께 살았던 동물의 화석이 우리나라 평안 남도 상원군 검은모루 동굴에서 발견되었다. 당시 발견된 동물 화석들이 중국 베이징에서 발견된 것(BC 500000년 화석으로 추정)보다 앞선 것으로 보여 호모 에렉투스가 한반도에 온 것은 BC 700000년경이라고 추정하게 되었다.

▲검은모루 동굴에서 발견된 동물 화석

BC 300000년경 우리나라 연천 전곡리에서 이 시기의 **주먹도끼**가 발견되었다. 이 주먹도끼의 발견으로 아시아가 유럽보다 늦게 구석기가 시작되었다는 주장을 뒤집게 되었다.

전곡리 출토 주먹도끼

BC 100000년경 아프리카에서 이동한 호모 사피엔스 중 일부가 한반도에 도착했다. 호모 사피엔스로 밝혀진 머리뼈가 우리나라 평양시 역포 구역에서 발견되었다. 이 뼈의 주인공은 열세 살 정도의 여자아이로 추정되며, 역포에서 발견되었다고 하여 '역포 아이'라 부른다.

▲역포 아이

BC 60000년경 공주 석장리에서 불 피운 흔적이 발견되는데, 이것이 BC 60000년에 살았던 구석기 시대 사람들의 흔적으로 밝혀졌다.

유명한 사람들

호모 에렉투스

BC 1700000년쯤 인류는 진화를 거듭하며 허리를 펴고 똑바로 서서 걷게 되었다. 그래서 이때의 인류를 똑바로 걷는 사람, 호모 에렉투스라고 부른다.

호모 에렉투스는 불을 사용할 줄 알게 되었고, 음식을 불에 익혀 먹을 줄도 알게 되었다. 아프리카에 살던 호모 에렉투스는 아시아와 유럽으로 이동했고, 이들 중 일부가 한반도로 건너와 정착하게 되었다. 이들은 돌을 쪼아 낸 **뗀석기**를 만들어 써서 구석기 시대를 열었다.

호모 사피엔스

슬기로운 사람이라는 뜻이다. 이들은 말을 했으며 창이나 찌르개같은 정교한 도구를 만들었다. 이전에 살던 호모 에렉투스는 더 진화한 호모 사피엔스와의 경쟁에서 밀려나 사라져버린다. 이후 현생 인류의 조상인 호모 사피엔스 사피엔스가 BC 40000년경에 등장하게 된다.

BC 8000~2333년
신석기 시대 사람들

BC 10000년쯤 빙하기가 끝나면서 지구의 모든 생물은 풍요로운 자연환경의 축복을 받게 되었다. 한반도의 자연환경도 기후가 따뜻해지면서 사람이 살기에 아주 좋은 조건을 갖추게 되었다.

사람들은 동굴을 버리고 강가나 해안가에 작은 움집을 짓고 모여 살기 시작했다. 그리고 강이나 바닷가에서 물고기, 조개, 굴, 소라 등을 채취해 먹었다. 이때 돌을 갈아 날카롭게 만든 **간석기**로 물고기를 잡았다. 간석기는 구석기 시대의 뗀석기보다 발달한 형태이므로, 이 시대를 구석기 시대와 구별해 신석기 시대라고 부른다.

타임라인

빗살무늬 토기

BC 8000년경 한반도에 신석기 시대가 시작되었다.
BC 6000년경 빗살무늬 토기를 만들어 사용했다. 양양 오산리에서 얼굴 조각상이 만들어졌다.
BC 5000년경 부산 동삼동에서 이 시기의 것으로 보이는 팔찌, 발찌가 발견되었고, 서울 암사동에서 마을을 이룬 흔적이 발견되었다.
BC 4000년경 우리나라에서 농사를 짓기 시작했다.

▲서울 암사동 선사 유적지

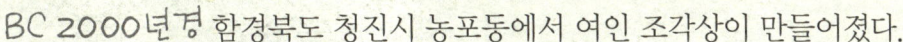

BC 2000년경 함경북도 청진시 농포동에서 여인 조각상이 만들어졌다.

A date to remember 기억할 연도
BC 4000년경
농사의 시작!

중요한 사건
BC 8000~2333년

BC 8000년경 BC 10000년경 마지막 빙하기가 끝나면서 기온이 상승하고 인류와 동식물이 살기에 적당한 기후가 형성되었다. 인류도 자연 조건에 맞춰 변화하며 새로운 시대를 열었다. 이후 한반도에도 새로운 생활 방식이 시작되었다. 사람들은 돌을 갈아 도구를 만들어 썼다. 신석기 시대가 열린 것이다.

▲신석기 시대 사냥 도구

BC 6000년경 먹을 것이 풍요로워지자 사람들은 흙으로 토기를 만들어 저장했다. 강원도 양양 오산리에서 사람의 얼굴 모양을 조각한 돌이 발견되었다. 이 돌 역시 신석기 시대의 것으로 추정된다.

▲신석기 시대 토기

BC 5000년경 서울 암사동에서 신석기 시대에 마을을 이루었던 흔적이 발견되었고, 부산 동삼동에서 이 시기의 것으로 추정되는 발찌와 팔찌가 발견되었다.

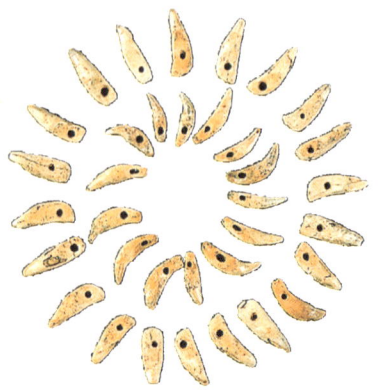

▲신석기 시대 발찌 장신구

BC 4000년경 우리나라에서 농사를 짓기 시

작했다. 농경생활을 통해 신석기 시대 사람들은 정착생활을 할 수 있었으며 돌괭이, 돌삽, 돌낫 등 정교하게 만든 새로운 농기구와 토기를 사용하기 시작했다.

유명한 사람들

신석기 시대 사람들

신석기 시대 사람들은 어머니의 형제 관계인 친척들로 이루어진 제법 큰 씨족사회를 이루었다. 이 씨족사회에서는 중요한 일이 생기면 마을의 연장자인 우두머리를 중심으로 함께 의논하고 함께 해결해 나갔다. 특히 신석기 시대 사람들은 종교 의식도 가지고 있었다. 이때부터 사람들은 자연을 신으로 섬기며 영혼에 대해 생각하고 절차에 따라 장례를 치르기 시작한다. 신석기 시대 사람들은 자연에 대해 느끼는 두려움과 소망을 담아 예술품을 만들기도 했다. 마을을 지켜주는 동물의 신을 조각하기도 하고, 여인의 모습이나 사람의 얼굴을 조각해 달고 다니기도 했다.

신석기 시대 사람들은 처음으로 토기를 만들어 사용했다. 또 가락바퀴와 바늘을 이용해 옷을 만들어 입고, 동물의 뼈와 돌을 갈아 목걸이나 발찌, 팔찌, 귀꽂이, 귀고리 등의 장신구를 만들어 자신을 아름답게 꾸미기 시작했다.

▲가락바퀴

BC 2333~300년

최초의 나라, 고조선

농사를 지어 먹을 것이 풍부해지면서 사람들 사이에선 곡식을 더 많이 가지려는 다툼이 생겨났다. 다른 부족의 곡식을 노리고 공격하는 일도 생겨났다. 이에 부족 내에 다툼을 조정하고 다른 부족과의 전쟁을 지휘하고 다스릴 사람이 필요하게 되었다. 그래서 생겨난 것이 족장이다.

이 시기의 사람들은 토기를 굽다가 초록빛이 도는 돌에서 우연히 구리가 흘러나오는 것을 발견해 단단한 금속을 만들게 되었다. 이들은 이렇게 만들어진 **청동검**으로 다른 부족을 정복해갔고, 청동기 시대가 되면서 부족들은 전쟁을 통해 다른 부족들을 흡수해 보다 큰 나라로 모습을 바꿔갔다.

이렇게 하여 고조선이라고 불리는 큰 나라가 생겨났다. 고조선은 최초의 강력한 국가를 갖추고 한반도에 청동기 문화를 꽃피우게 된다.

갑골 문자

타임라인

BC 2333년경 단군왕검이 고조선을 건국하였다.
BC 1760년경 중국에 **상나라**가 세워졌다.
BC 1450년경 중국 상나라에서 **갑골 문자** 3,500자가 만들어졌다.
BC 1122년경 고조선에서 8조법이 제정되었다.
BC 1000년경 한반도에 청동기 문화가 시작되었다.

BC 770년경 중국에서 100여 나라가 세력을 다투며 **춘추 시대**를 열었다.
BC 600년경 중국 역사책 《관자》에 '조선'이 등장했다. 비파형 동검과 고인돌이 유행했다.

A date to remember 기억할 연도

BC 1000년경 청동기 문화가 시작되다

중요한 사건

BC 2333~300년

BC 2333년경 《삼국유사》에 의하면 'BC 2333년 단군왕검은 평양성에 도읍을 정하고 나라를 세워 조선이라고 하였다.'라고 전한다. 하지만 BC 2333년경은 청동기 시대가 시작되기 전으로 부족 시대이기 때문에 실제로는 그보다는 후에 청동기 시대와 함께 고조선이 건국된 것으로 짐작된다.

BC 1122년경 8조법이 제정되었다. '사람을 죽인 자는 사형에 처한다. 남에게 상처를 입힌 자는 곡식으로 갚는다. 도둑질한 자는 노비로 삼는데, 죄를 면하고자 할 때는 1인당 50만 전의 돈을 내야 한다.'라는 조항만이 전한다. 이 8조법은 당시의 사회상을 말해 준다.

BC 600년경 고조선은 중국 제나라와 교역을 했다. 중국 역사책 《관자》에 '고조선은 우리 나라에서 8천리 떨어진 곳에 있는데, 호랑이 가죽과 털옷이 유명하니 높은 값을 쳐줍시다.'라는 언급이 있다. 고조선이 제나라와 대등하게 무역을 한 기록으로 봐서 그 시기의 고조선이 이미 대단히 성장, 발전한 국가였다는 것을 알 수 있다.

▲청동검

유명한 사람들

족장

강력한 지배자였던 족장은 몇천 명의 사람들을 모아 거대한 바위를 산에서 가져와 마을의 높은 곳까지 나르게 한 뒤 죽은 뒤에 자기가 묻힐 무덤을 미리 만들게 했다. 족장에게 강력한 권력이 없었다면 불가능한 일이었을 것이다. 무덤 속은 집처럼 만들어서 죽은 뒤에도 살았을 때와 같은 생활을 누릴 수 있도록 만들었는데 청동으로 만든 창과 칼, 거울과 구슬같은 장신구들을 같이 넣었다. 그리고 무덤 위에 덮개돌을 얹었다. 고인돌은 청동기 시대에 이미 엄청난 권력을 가진 지배자가 등장했음을 말해 주는 유물이다.

고인돌

단군왕검

단군은 제사장을, 왕검은 정치적인 지배자를 말한다. 단군왕검은 제사장이면서 정치적인 역할도 했던 고조선 초기의 지배자를 가리켰다. 여러 부족이 통합되고 고조선이라는 국가가 만들어지는 과정에서 국가와 지배자에 대한 신성함을 만들어 내기 위해 단군 신화가 만들어진 것으로 보인다.

BC 300~107년
 철기 문화의 시작

　중국에서는 주나라의 힘이 약해지자, 살기가 힘들어진 중국의 백성들은 전쟁을 피해 남쪽으로 내려와 고조선에 자리를 잡았다. 그들이 고조선 사람들에게 쇠 만드는 법을 가르쳐 주게 되면서, 고조선은 철기 문화의 시대를 맞게 된다. 쇠로 농기구를 만들면서 농업은 더욱 발전해 살기 좋은 나라가 되었으며 쇠로 무기를 만들면서 군대는 더욱 강력해졌다. 철기를 바탕으로 한 강한 군사력으로 진번, 임둔 등의 부족 국가를 정복하면서 고조선은 더욱 강성해졌다.

　BC 194년 무렵, 고조선으로 들어온 **연나라**의 위만은 기회를 엿보다 마침내 왕검성을 공격해 고조선을 차지했다. 위만은 왕조를 세운 후에도 나라 이름을 바꾸지 않고 그대로 조선이라고 해서 이후의 고조선은 위만조선이라 불리기도 한다. 기세를 떨치던 고조선은 BC 109년 한나라의 공격을 받아 급격히 쇠하게 된다. 1년여에 걸친 백성들의 항전에도 불구하고 중국 한나라에 의해 고조선은 결국 멸망하게 된다.

타임라인

▲철기 시대 농기구

BC 300년경 한반도에서 철기 문화가 시작되었고, 중국 연나라가 고조선의 서쪽 지역을 공격했다.
BC 221년 중국 진나라의 시황제가 중국을 통일하였다.

BC 202년 유방이 중국을 다시 통일해 한나라를 세웠다.

BC 194년 연나라의 위만이 고조선의 왕위를 빼앗았고, 고조선의 준왕은 남쪽으로 달아났다.

BC 190년 고조선이 임둔과 진번을 정복했다.

BC 109년 한나라가 고조선을 공격했다.

BC 108년 고조선이 한나라와 싸워 멸망했고, 한나라가 고조선 땅에 낙랑, 진번, 임둔의 3군을 설치했다.

BC 107년 압록강 중류 지역에 **현도군**이 만들어졌다. 이로써 **한사군**의 설치가 완료되었다.

A date to remember 기억할 연도
BC 108년 고조선이 멸망하다

중요한 사건

BC 300~107년

BC 300년경 고조선이 부강해지고 준왕이 스스로를 왕이라 칭하자 이를 못마땅하게 여긴 중국 연나라가 고조선의 서쪽 지역을 공격했다. 서쪽 땅을 연나라에게 빼앗기게 된 준왕은 고조선의 중심을 평양 지역의 왕검성으로 옮겼으나, 왕검성 지역은 날씨가 따뜻하고 농사짓기에 좋아 고조선은 더욱 발전하게 되었다.

BC 194년 상투를 틀고 고조선 사람들처럼 옷을 입은 위만은 자신과 백성들이 고조선에서 살게 해달라고 준왕에게 간청했다. 준왕은 위만을 신뢰해 땅을 주어 다스리게 했다. 그런데 위만은 백성들의 존경을 받게 되고 힘이 생기자 준왕을 몰아내고 왕검성을 차지해 버렸다.

▲왕검성

BC 190년 위만은 정치적 안정을 꾀하며 철제 기술을 발전시켜 고조선의 군사력을 키웠다. 그리고 이웃한 나라인 임둔과 진번을 정복했다. 다른 나라들도 차차 고조선의 속국이 되어와 고조선은 강국으로 거듭나게 되었다.

BC 109년 위만의 손자인 **우거왕** 때 고조선이 **흉노족**과 손을 잡은 것을 괘

씸히 여긴 한나라는 7천 명의 수군과 5만 명의 육군을 이끌고 고조선으로 쳐들어왔다.

BC 108년 이미 고조선의 지배층은 분열되어 한나라에 항복을 한다. 그러나 성기 장군과 백성들이 포기하지 않고 왕검성을 지키기 위해 결사 항전을 벌였으나 결국 함락되어 고조선은 멸망하게 된다.

유명한 사람들

위만 (? ~ ?)

제후를 도와 연나라를 다스리던 위만은 반란을 걱정한 중국 한나라 유방이 제후들을 제거해 나가자 자신을 따르는 주민들을 데리고 동쪽으로 내려와 고조선으로 들어온다. 준왕은 위만에게 땅을 내어주고 다스리게 했으나 위만은 더 욕심을 내어 준왕을 속여 왕검성을 빼앗아 스스로 고조선의 왕이 된다.

위만

준왕

우거왕 (? ~BC 108)

위만의 손자로 한나라의 간섭을 거부했던 왕이다. 흉노족과 손을 잡아 한나라의 침입을 받게 된 그는 결국 고조선의 마지막 왕이 된다.

BC 107~AD 57년

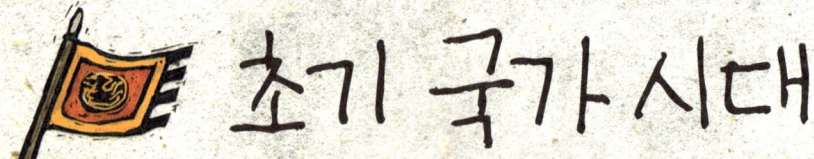 초기 국가 시대

　한나라가 고조선 땅에 4개의 **군현**을 설치해 다스릴 당시, 우리 조상들은 이미 그 주변에 부여, 고구려, 옥저, 동예 같은 나라들을 세워 성장시키고 있었다. 고조선이 한나라에 의해 멸망했지만 우리 겨레의 역사에서 사라진 건 아니었다. 고조선의 땅 한쪽에서 일어난 고구려는 일찍부터 철기 문화를 바탕으로 한사군의 간섭에서 벗어날 수 있었다. 또한 남쪽으로 내려간 고조선의 세력에 의해 삼한(마한, 진한, 변한)이 세워졌다. 한강 이남 지역의 마한은 고조선 멸망 후에도 고조선의 쇠 만드는 기술을 받아들여 백제로 성장했고, 진한은 훗날 신라가 된 사로국을 중심으로 통합되었고, 변한은 금관가야를 중심으로 모였다. 이렇게 세워진 새로운 국가들은 한반도의 새 시대를 열게 된다.

타임라인

BC 100년경 부여, 옥저, 동예, 삼한이라는 나라가 등장하였다.
BC 57년 박혁거세가 서라벌에서 사로국을 건설하였다.
BC 37년 주몽이 압록강 중류 졸본에서 고구려를 건국하였다.
BC 18년 온조가 하남 위례성에서 백제를 건국하였다.
AD 3년 고구려 유리왕이 졸본에서 국내성으로 도읍을 옮겼다.
AD 22년 고구려의 대무신왕이 부여를 공격하여 부여 왕인 대소를 죽였다.

AD 25년 중국에서 후한이 건국되었다.
AD 42년 김수로왕이 낙동강 유역에 금관가야를 세웠다.
AD 53년 고구려 태조왕이 즉위하여 국가 체제를 정비하였다.
AD 56년 고구려가 동예와 옥저를 정복하였다.

▲ 금관가야 유물 중 말머리가리개

A date to remember 기억할 연도

BC 37년
주몽, 고구려를 세우다

BC 107~AD 57년
중요한 사건

BC 57년 박혁거세는 사로국의 임금이 된 후 서라벌에 도읍을 정하고 나라를 다스렸다. 사로국은 주변의 작은 나라를 하나하나 정복해 경상북도 일대의 가장 큰 나라가 되었다.

BC 37년 주몽은 부여 왕실에서 자랐으나 금와왕의 아들들이 자신을 죽이려하자 졸본 지역으로 건너와 그곳의 왕의 딸인 소서노와 다시 결혼해 보다 강력한 나라인 고구려를 세웠다.

BC 18년 주몽이 부여에 두고 온 아들 유리가 아버지 주몽을 찾아와 왕위를 이을 태자가 되자, 소서노의 아들 비류와 온조는 한반도 남쪽으로 내려가게 된다. 이때 온조는 한강 남쪽 위례성에 이르러 백제를 건국하였다.

▲삼국의 발전 지도

AD 3년 유리왕이 졸본에서 국내성으로 도읍을 옮겼다. '설지'라는 관리가 그곳이 비옥하고 도읍지로 적당한 것을 보고 유리왕에게 아뢰어 도읍을 옮기게 되었다고 한다.

AD 22년 유리왕의 대를 이은 고구려의 대무신왕이 부여를 공격하여 부여의 왕인 대소를 죽였다. 이에 고구려는 압록강 유역의 가장 큰 세력을 가진 나라가 되었다.

AD 42년 김수로왕은 '철'로 유명하던 김해(쇠 바다)지역에 들어와 토착 세력을 자기편으로 만들고 새로운 나라, 금관가야를 세웠다.

유명한 사람들

박혁거세 (재위 BC 57~AD 4)

신라가 건국되기 전, 서라벌에는 여섯 마을이 촌장을 중심으로 평화롭게 살고 있었다. 어느 날 양산촌 촌장이 나정이라는 우물 옆 숲에 말이 무릎을 꿇고 울고 있어 가보니 큰 알이 놓여 있었다. 알에  손을 대자 그 안에서 박혁거세가 나왔다. 여섯 마을의 사람들은 박혁거세의 출생이 신기하다고 여겨 13세가 되던 해에 왕으로 추대했다.

김수로왕 (재위 AD 42~199)

각각의 부족을 다스리던 9명의 족장이 구지봉에 올라 "거북아, 거북아, 머리를 내놓아라. 그렇지 않으면 구워 먹으리라."라고 노래하며 춤추자 하늘에서 황금알 6개가 내려왔는데 그 안에서 6명의 사내아이가 나왔다. 그중 제일 먼저 나온 아이가 수로이다. 수로는 금관가야의 왕이 되고 나머지 아이들은 다섯 가야의 왕이 되었다고 전한다.

삼국의 형성

AD 57~314년

고구려는 위나라의 잦은 간섭과 전쟁 등을 거치면서도 **낙랑군과 대방군**을 멸망시켜 고구려 땅을 넓혀 갔다. 백제는 고이왕 때에 이르러 **관등**이 나뉘고 **율령**이 반포되는 등 체계적인 국가의 모습을 갖추게 되었다. 사로국은 경상도의 대부분을 차지할 만큼 그 세력이 확장되어 경상도 일대의 큰 국가로 거듭나고 있었다. 금관가야는 주로 무역을 하던 낙랑군과 대방군이 사라지자 더 이상 중국의 문물을 들여오지 못했고, 무역을 통해 얻어왔던 해상 왕국의 지위가 크게 흔들리게 되었다.

타임라인

101년 사로국이 궁성인 월성을 쌓았다.
184년 중국 후한에 **황건적의 난**이 일어났다.
194년 고구려의 고국천왕이 진대법을 실시하였다.
209년 사로국이 가야 8개 연합군의 공격을 받은 금관가야를 지원하였다.
220년 중국의 후한이 멸망하고, **위·촉·오 삼국 시대**가 시작되었다.
260년 백제 고이왕이 관리의 등급을 16개로 나누고 **공복**을 제정하였다.
262년 사로국에서 미추 이사금이 김씨 최초로 왕위에 올랐다.
280년 진(晉)나라가 중국을 통일하였다.

A date to remember 기억할 연도
AD 313년
미천왕, 낙랑군을 멸망시키다

313년 고구려의 미천왕이 낙랑군을 몰아냈다.
314년 고구려의 미천왕이 대방군을 점령하였다.

AD 57~314년
중요한 사건

▲반월성

101년 사로국이 파사 이사금 22년에 궁성인 월성을 쌓았다. 모양이 반달 같다 하여 반월성·신월성이라고도 한다.

194년 고구려의 고국천왕은 지혜로운 **국상** 을파소와 함께 봄에 곡식을 빌려 주고, 가을걷이가 끝나면 쌀 이자를 덧붙여 돌려받게 한 '진대법'을 실시하였다. 가난한 백성들의 삶을 어루만지는 훌륭한 정책이었다.

260년 백제의 고이왕은 귀족들 중 최고 관리 여섯 명을 뽑아 **좌평**에 임명하고 그들에게 나라의 업무를 나누어 주었다. 그리고 관리의 등급을 16개로 나누고, 관리의 등급마다 다른 관복 색깔을 정하였다. 백제는 고이왕을 거치며 국가의 토대를 다져갔다.

262년 사로국에서 미추 이사금이 김씨로서는 최초로 왕위에 올랐다. 미추 이사금은 농업과 민생에도 깊은 관심을 기울였다.

313년 고구려는 위나라와의 잦은 전쟁으로 국력이 쇠약해져 있었다. 이에 미천왕은 요동 서안평을 점령하고, 낙랑군과 대방군을 멸망시키며 고구려의 세력을 다시 넓혀갔다.

유명한 사람들

고국천왕 (재위 179~197)

고구려의 제9대 왕. 왕권을 강화하고, 고구려 사회의 내부 모순을 극복하기 위한 정책을 펼쳤다. 190~191년에 어비류와 좌가려가 난을 일으키자 이를 진압한 뒤, 을파소를 국상에 임명해 유력한 귀족들을 억누르는 중앙집권책을 강력하게 추진했다. 194년에는 진대법을 실시해 가난한 농민들을 도와 사회를 안정시키고자 하였다.

고이왕 (재위 234~286)

백제의 제8대 왕. 국가 체제를 정비하여 중앙집권국가의 기틀을 마련했다. 6좌평을 비롯한 16관등제의 기틀을 마련했고, 북쪽의 대방군과 혼인을 통해 우호 관계를 맺고 중국 문물을 거의 독점하여 수입했다.

미천왕 (재위 300~331)

고구려 제15대 왕. 국토 확장에 전력하였다. 현도군을 공격하여 요동 서안평을 점령하고, 313년에는 낙랑군을 멸망시켰다. 314년에는 대방군을 정벌하여 고구려의 영토를 넓히는 데 힘썼다.

AD 314~391년

삼국의 발전

북쪽 변방에 있던 선비족 모용씨 세력이 세운 전연은 342년에 고구려로 쳐들어와 수많은 고구려 백성을 포로로 잡아가고 왕실의 무덤을 욕보이는 등 치욕을 안겨 주었다. 백제가 한반도 중부와 서남부 지역을 정복한 다음 전연의 공격으로 쇠약해진 고구려로 눈을 돌릴 때쯤, 마침 백제를 얕본 고구려의 고국원왕은 백제로 쳐들어가 패하여 돌아오게 된다. 이에 백제의 근초고왕은 2년 뒤 고구려로 쳐들어가 승리함으로써 고구려를 응징한다. 나라의 힘이 커진 사로국은 바깥 세계로 눈을 돌렸다. 사로국은 고구려의 간섭을 받고 있었지만, 중국 전진에 사신을 보낼 정도로 성장하게 되었다.

한편 고구려와의 전쟁에서 승리한 백제는 한반도에서 가장 힘이 강한 국가가 되었고, 왜, 중국의 동진과 외교를 맺으며 활동 무대를 넓혀갔다. 고구려 고국원왕이 백제와의 전쟁에서 죽고, 그 뒤를 이은 소수림왕은 전쟁을 일으켜 원한을 갚는 대신 나라의 내실을 기르는 데 힘썼다.

타임라인

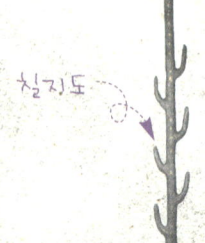
칠지도

342년 전연의 공격으로 고구려 도성이 함락되었다.
356년 사로국에 내물 마립간이 즉위하였다.
369년 백제 근초고왕이 왜에 사신을 파견하여 왜왕에게

칠지도를 하사하였고, 고구려의 고국원왕은 백제 공격에 나섰다가 패배하였다.

371년 백제 근초고왕이 고구려의 평양성을 공격하여 고국원왕이 전사하자 소수림왕이 즉위하였다.

372년 백제는 중국 동진과 외교 관계를 맺었고, 고구려의 소수림왕이 **태학**을 설립하고, 불교를 받아들였다.

373년 고구려에 율령이 반포되었다.

377년 사로국이 고구려의 주선으로 전진에 사신을 파견하였다.

384년 백제, 중국 전진에서 불교를 들여왔다.

A date to remember 기억할 연도
AD 371년
근초고왕의 평양성 공격

AD 314~391년
중요한 사건

342년 전연이 고구려를 공격하여 고구려의 도성은 파괴되었고, 남녀 5만여 명이 포로로 잡혀갔다. 이때 고국원왕의 어머니와 왕비가 잡혀갔고, 고국원왕의 아버지인 미천왕의 무덤이 파헤쳐졌으며 시신까지 빼앗기는 치욕이 벌어졌다.

356년 사로국에 내물 마립간이 즉위하였다. 이전까지 박씨, 석씨, 김씨 집안의 우두머리들이 번갈아가며 임금을 맡으며 이사금이라는 칭호를 붙였었지만, 내물 이사금부터는 임금의 호칭도 마립간으로 바꾸고 김씨가 임금 자리를 이어가게 되었다.

▲내물 마립간

369년 백제 근초고왕이 왜군을 동원하여 마한을 정벌한 후, 왜에 칠지도라는 칼을 만들어 내려주었다. 고국원왕이 군사 2만여 명을 이끌고 직접 백제 공격에 나섰지만 치양성(황해 배천)에서 무참히 패배하였다.

▲백제군의 평양성 공격

371년 근초고왕이 이끄는 백제군이 평양성을 공격했다. 이 전쟁에서 고구려의 고국원왕이 백제 군사가 쏜 화살에 맞아 전사하게 되었다.

372~373년 소수림왕은 내부의 혼란을 막고 다시 일어서기 위해, 군사를 모으는 대신 나라의 제도를 하나씩 갖추어 나갔다. 나랏일을 맡길 관리를 키우기 위해 태학이라는 교육 기관을 세웠고 또 나라를 다스릴 율령을 만들어 반포하였다. 또 소수림왕은 지방에 흩어져 있는 부족의 지배자들은 중앙으로 들어오게 하여 벼슬을 주는 등 왕권을 더욱 강화해 나갔다.

유명한 사람들

고국원왕 (재위 331~371)

고구려 제16대 왕. 미천왕의 아들이다. 고국원왕은 335년에 산성을 쌓아 요동 진출의 전초기지로 삼고, 후조 및 선비족 우문부와 연결해 전연에 대한 견제를 강화했다. 342년에 국내성을 쌓고 환도성을 수리해 전연의 침입에 대비했으나, 그해 환도성이 함락되고 5만여 명의 백성들이 포로로 끌려갔다. 고국원왕은 369년과 371년 백제와의 전투에서 참패하고 결국 전사하게 된다.

근초고왕 (재위 346~375)

백제 제13대 왕. 정복 사업을 벌여 백제 역사상 가장 넓은 영토를 차지했던 왕이다. 그로 인해 강력해진 왕권을 바탕으로 《서기》를 편찬했다. 또 369년에는 왜에 사신을 파견해 왜왕에게 칠지도를 보냈으며, 372년 중국 동진에 사신을 보내기도 하였다.

AD 391~503년
고구려의 강성

광개토대왕은 백제를 공격하고, 전연의 후예, 후연과의 전쟁을 통해 계속 영토를 넓혀가 북으로는 숙신·거란·후연을 정벌하고, 남으로는 한강과 낙동강까지 세력을 뻗치게 되었다. 이후 광개토대왕의 아들 장수왕이 도읍을 평양으로 옮겨 남쪽으로 세력을 넓히려 하자 백제가 신라와 동맹을 맺어 고구려와 맞섰다. 그러나 **장수왕**은 7일 만에 백제의 도읍 한성을 함락해 개로왕을 죽이고 만다. 웅진(공주)으로 도읍을 옮기고 국력이 약해지던 백제는 501년 무령왕이 왕위에 오르며 다시 강국의 길을 열게 된다.

▲무령왕릉 내부

타임라인

391년 고구려에 광개토대왕이 즉위하였다.
396년 광개토대왕이 백제를 공격하였다.
400년 고구려의 광개토대왕이 신라 땅에서 왜군을 몰아내었다.
410년 광개토대왕이 동부여를 정벌했다.
427년 고구려의 장수왕이 국내성에서 평양으로 도읍을 옮겼다.
433년 신라가 백제와 나·제 동맹을 맺었다.
475년 백제가 웅진으로 도읍을 옮겼다.
493년 신라의 소지왕과 백제의 동성왕이 결혼 동맹을 맺었다.

494년 부여가 멸망하였다.
501년 백제의 무령왕이 즉위하였다.

A date to remember 기억할 연도
AD 391~412년
광개토대왕의 대제국 건설

AD 391~503년
중요한 사건

391년 4만의 군사를 직접 이끌고 백제로 간 광개토대왕은 군사를 일으킨 지 열흘도 안 되어 백제의 성을 열 개나 함락하였다. 이어서 교통의 요지, **천혜의 요새** 관미성마저 함락시켰다. 이로 인해 고구려는 더욱 강성해지고 백제의 군사력은 크게 약해졌다.

▲관미성

396년 광개토대왕은 수군을 총동원하여 한성 코앞까지 쳐들어가서 아신왕의 항복을 받아낸다. 반세기에 걸친 백제와의 전쟁에서 결국 승리를 거두어 한강 이북 지역을 차지했다.

433년 고구려가 평양으로 도읍을 옮기자 고구려의 세력이 커질 것을 염려한 백제가 신라에 동맹을 제의했다. 고구려로부터 고통을 받아 오던 신라도 고구려로부터 벗어나기 위해, 백제의 비유왕이 보내온 동맹 제의를 수락하며, 나·제 동맹이 이루어지게 되었다.

475년 고구려의 장수왕이 백제의 한성을 함락하고, 개로왕을 죽였다. 수도가 완전히 함락된 백제는 웅진(공주)으로 도읍을 옮겼다.

493년 신라의 이벌찬이라는 높은 관직에 있던 비지의 딸이 백제로 시집을 가게 되어 신라와 백제 사이에 결혼 동맹이 맺어지게 되었다.

501년 백제의 무령왕이 즉위하였다. 무령왕이 백제의 부흥을 위해 여러 방면으로 노력하여 백제는 비로소 재도약의 발판을 마련하게 된다.

▲ 결혼 동맹

유명한 사람들

광개토대왕 (재위 391~412)

고구려의 제19대 왕. 이름은 담덕 또는 안이다. 고구려의 영토와 세력권을 크게 넓혀 고구려의 전성기를 열었다. 백제와 숙신, 거란, 후연, 동부여 등을 쳐서 서로는 요하, 동으로는 두만강 하류 일대, 남으로는 임진강에서 한강 일대에 이르는 대제국을 건설하였다.

광개토대왕릉비

장수왕 (재위 412~491)

고구려 제20대 왕. 도읍을 국내성에서 평양으로 옮기고 적극적으로 남하정책을 추진하여 영토를 넓혔다. 아버지 광개토대왕이 영토 확장과 이를 통해 강력하게 구축한 왕권을 바탕으로 안과 밖으로 고구려를 전성기에 올려놓았다. 또한 중국의 분열 상황을 이용해 외교에도 뛰어난 능력을 발휘했다.

AD 503~610년

 신라와 백제의 부흥

고구려는 외부적으로 북쪽의 돌궐이 자주 국경을 침입해 나라가 어지러웠고, 내부적으로는 귀족들 간에 세력 다툼으로 혼란스러웠다. 이러한 틈에 백제와 신라 연합군의 공격으로 고구려는 많은 땅을 내주게 된다. 백제의 성왕은 웅진에서 사비(부여)로 도읍을 옮기고, 나라 이름도 남부여로 바꾸었다. 주변국인 남조와 왜와도 활발하게 교류했지만 성왕이 신라와의 싸움에서 전사하고 위덕왕이 왕위에 오른 뒤 나라의 힘이 약해져, 여러 차례 신라를 공격했지만 성공을 거두지 못했다. 이 시기에 신라는 더욱 강성해져, 우산국과 금관가야, 대가야 그리고 한강 유역의 땅을 차지하게 되었다. 진흥왕은 정복한 지역에 비석을 세우고 넓어진 땅과 사람들을 잘 다스려 강한 신라로 만들었다.

타임라인

503년 지증왕은 나라 이름을 사로국에서 신라로 바꾸었다.
512년 신라는 우산국(울릉도)을 정복했다.
520년 신라는 율령을 반포하고 백관의 공복을 제정했다.
527년 신라가 불교를 공인했다. 이차돈이 순교했다.
532년 신라의 법흥왕이 금관가야(가락국)를 압박해 항복을 받아냈다.
538년 백제가 사비성으로 도읍을 옮겼다.

551년 신라와 백제 연합군이 고구려를 공격해 한강 유역을 되찾았다.
552년 백제가 일본에 불교를 전했다.
553년 동맹국 신라가 백제를 공격하여 한강 유역을 빼앗았다.
589년 수나라가 중국을 통일했다.

A date to remember 기억할 연도
AD 538년
백제, 사비성으로 도읍을 옮기다

AD 503~610년
중요한 사건

512년 신라의 지증왕은 왕권을 강화하고, 소를 이용한 농사 방법을 도입해 사회적 안정을 꾀했다. 그리고 장군 이사부를 보내 우산국(울릉도)을 병합하는 등 활발한 정복 활동을 벌였다.

520년 신라의 법흥왕이 율령을 반포하고, 관리들의 등급을 정해 등급마다 옷을 다르게 입는 공복 제도를 만들어 왕의 권위를 세웠다.

527년 법흥왕은 나라의 통치 이념으로 불교를 공식 종교로 삼으려 했지만 귀족들이 반대했다. 그러나 이차돈의 순교로 법흥왕은 귀족들의 반대를 잠재우고 불교를 국교로 삼을 수 있게 되었다.

532년 법흥왕은 대가야 동맹에도 불구하고 가야의 다른 지역을 공격해 땅을 빼앗았고, 금관가야를 압박해 항복을 받아냈다.

551년 백제는 신라군과 연합하여 고구려를 공격하고 76년 만에 한강 유역을 되찾았다. 신라군은 진흥왕 때에 고구려에게 충청도와 한강 이북 지역인 강원도 영서 지방을 빼앗아 대영토를 가지게 된다.

▲금동미륵보살 반가상

553년 동맹국인 신라가 기습적으로 백제를 공격했다. 결국 백제는 한강 유역을 신라에게 내주게 된다.

유명한 사람들

법흥왕 (재위 514~540)

신라의 제23대 왕. 지증왕 때의 개혁 조치를 바탕으로 율령을 반포하고 군사 제도를 정비했으며 불교를 공인하여 신라가 중앙집권적 국가 체제를 갖추도록 하였다.

▲법흥왕릉

이차돈 (501~527)

신라 법흥왕 때 불교 공인을 위해 순교한 사람. 그의 목을 베자 머리가 멀리 경주 북쪽의 금강산 꼭대기에 떨어졌으며, 목에서는 흰 젖이 솟았고, 하늘에서는 아름다운 꽃이 떨어졌다고 한다. 그의 죽음으로 신라에서도 불교가 인정되었고 최초의 절인 흥륜사가 세워졌다.

진흥왕 (재위 540~576)

신라 제24대 왕. 백제가 차지했던 한강 유역의 중요 지역을 차지하고, 백제 성왕을 죽였다. 이어 대가야를 평정하고, 새로 개척한 땅에 순수비를 세웠다. 화랑 제도를 창시하는 등 군사적, 문화적으로 실력을 길러 삼국 통일의 기반을 닦았다.

▲진흥왕 순수비

AD 610~696년
삼국의 통일

589년 수나라는 중국 대륙을 통일하고, 고구려에게 수나라에 굴복하라는 편지를 보낸다. 그러나 고구려가 그 뜻을 거부하며 오히려 수나라를 공격하자, 수나라는 여러 차례 고구려 정벌에 나서게 된다. 그러나 **을지문덕** 장군이 이끄는 고구려군의 전략에 말려 살수(청천강)에서 전멸한다. 곧 수나라가 멸망하고 중국에는 당나라가 들어서게 되었지만 당나라도 수나라처럼 호시탐탐 고구려를 침략해 온다.

중국과의 기나긴 전쟁으로 고구려의 국력은 몰라보게 쇠약해졌다. 660년 신라가 당나라와 동맹을 맺어 백제와 고구려를 공격해 드디어 백제를 무너뜨렸다. 고구려는 좀 더 오래 버텼으나 668년, 나·당 연합군의 공격으로 마침내 고구려도 멸망하게 되었다. 그리고 신라는 676년 한반도에서 당나라의 세력을 완전히 몰아냄으로써 드디어 완전한 삼국 통일을 맛보게 되고, 통일 신라를 열어 간다.

타임라인

612년 수나라가 고구려에 쳐들어왔고, 살수 대첩에서 고구려가 수나라를 물리쳤다.

618년 중국에 당나라가 건국되었다.

645년 고구려, **안시성 싸움**에서 당나라에 승리하였다.

660년 백제가 멸망하였다.
668년 고구려가 멸망하였다.
676년 신라가 당나라를 몰아내고 삼국을 통일하였다.
685년 신라가 9주 5소경을 설치하였다.

A date to remember 기억할 연도
AD 676년
신라, 삼국을 통일하다

중요한 사건

AD 610~696년

612년 수나라의 양제가 113만 명의 군사를 이끌고 고구려 정벌에 나섰으나 요동성은 꿈쩍도 하지 않았다. 이에 양제는 30만 명의 별동대를 조직하여 평양성으로 진격했으나 을지문덕의 전략에 빠져 살수에서 전멸하게 되었다. 이를 살수 대첩이라고 한다.

▲살수 대첩

645년 당나라는 연개소문을 토벌한다는 구실을 내세워 고구려로 쳐들어왔다. 안시성의 성주 양만춘과 백성들은 죽을힘을 다해 당나라군을 막아 낸다.

660년 신라가 당나라와 손을 잡고 백제와 고구려를 공격하였고, 결국 백제의 사비성이 함락되었다. 웅진으로 도망갔던 의자왕과 태자가 함께 나·당 연합군에 항복함으로써 백제는 역사 속으로 쓸쓸히 사라지게 되었다. 이때 백제를 무너뜨리는 데 김유신이 큰 공을 세우면서 삼국 통일의 주역이 된다.

668년 나·당 연합군의 공격을 받아 고구려의 마지막 왕 보장왕이 먼저 당나라에 항복한다. 이에 남건과 고구려의 백성들은 평양성을 닫아걸고 결사 항전을 벌였으나 결국 멸망하게 되었다.

676년 신라는 기벌포 전투에서 승리하여, 당나라 군대를 한반도에서 완전히 몰아냄으로써 삼국 통일을 완성하였다. 전쟁이 끝나고 평화로운 시기가 찾아왔다.

유명한 사람들

을지문덕 (? ~ ?)

고구려의 장수. 울지문덕이라고도 한다. 수양제가 113만 대군을 끌고 압록강에 이르자 을지문덕은 거짓으로 항복하고 적진에 들어가 적의 실상을 정확히 파악했다. 이후 수의 군사력을 약화시키려고 일부러 져주면서 적을 평양성 부근까지 유인해 지치게 만들기도 했다.
또한 시문에도 능했으며, 살수 대첩에서 적장 우중문에게 전한 전략적인 오언절구의 시 〈여수장우중문시〉가 유명하다.

김유신 (595~673)

신라의 장군. 김유신은 15세에 화랑이 되었다. 김유신의 증조부는 금관가야의 마지막 왕인 김구해로, 532년 신라에 투항해 신라의 진골이 되었다. 김유신은 김춘추가 왕이 될 수 있도록 적극 도왔고, 당나라와 연합하여 백제를 칠 때 총사령관이 되어 백제를 멸망시킴으로 삼국의 통일을 앞당겼다.

AD 696~885년

 # 남북국 시대

통일 신라가 발전하고 발해 또한 나라의 기틀을 세워 남에는 통일 신라, 북에는 발해로 이루어진 본격적인 남북국 시대가 열렸다. 신라는 당나라에 사신과 유학생을 자주 보내는 한편, 바다 건너 일본과도 교류하였다. 신라는 처음에는 발해를 견제하다 790년부터 '북국'이라 부르며 외교 **사절**을 보내기 시작했다. 이후 두 나라의 교류는 잦은 편은 아니었으나 꾸준히 이어졌다.

신라는 엄격한 골품제도가 유지되던 국가였고, 귀족들은 호화로운 생활을 누렸다. 또 불국사와 석굴암을 짓는 등 찬란한 불교문화를 꽃피웠다. 발해는 넓은 영토와 융성한 문화를 누려 해동성국으로 불리었다.

타임라인

698년 **대조영**이 동모산에 '진'을 세웠다.

713년 당나라에서 대조영을 발해 군왕으로 책봉하고 나라 이름을 '진'에서 '발해'로 바꾸었다.

722년 신라, 백성에게 **정전**을 지급하였다.

751년 신라에서 불국사와 석굴암을 창건하였다.

768년 **일길찬 대공의 난**이 일어났다.

771년 통일 신라, 성덕 대왕 신종이 주조되었다.

▲ 성덕 대왕 신종

A date to remember 기억할 연도
AD 751년
신라, 불국사와 석굴암을 창건하다

790년 신라가 발해에 외교 사절을 보내기 시작했다.
802년 신라, 해인사를 창건하였다.
822년 신라에서 김헌창의 난이 일어났다.
828년 신라 장군 장보고가 청해진을 설치하였다.

▲해인사

AD 696~885년
중요한 사건

698~713년 고구려가 망하자 대조영은 쫓아오는 당나라 군대를 따돌리고 동쪽으로 나아가 동모산에 이르러 고구려를 계승한 발해를 세웠다.

732년 무왕의 명령으로 발해의 장수 장문휴가 발해 수군을 이끌고 당나라 무역항 등주(덩저우)를 공격하여 그곳 책임자를 죽이고 돌아온다. 그리고 당나라의 마도산을 공격하였다.

751년 《삼국유사》에는 신라 경덕왕 때, 김대성이 현생의 부모를 위해 불국사를, 전생의 부모를 위하여 석굴암을 지었다고 전해진다.

790년 신라가 발해를 '북국'이라 부르며 외교 사절을 보내기 시작했다. 발해로 가는 길은 '북해통'이라고 불렀고, 발해 쪽에서도 신라로 가는 길을 '신라길'이라고 불렀다.

822년 왕위 다툼에서 밀려나 명주로 은퇴한 김주원의 아들 김헌창이 반란을 일으켰다. 김헌창은 아버지가 왕이 되지 못한 것에 불만을 품고 '장안국'이라는 나라를 세워서 스스로 왕이 되려고 했다. 한때 9주 5소경 중 4주 3소경을 장악하기도 했으나 결국 패하게 되어 스스로 목숨을 끊었다. 이 계기로 신라의 질서는 크게 흔들리게 되었다.

828년 신라의 장보고가 흥덕왕에게 건의해 청해진을 설치하였고, 이곳을 중심으로 해적을 소탕하여 국제 무역을 주도하였다.

▲청해진

유명한 사람들

대조영 (재위 698~719)
발해의 건국자. 고구려의 장수를 지냈으나, 고구려가 멸망한 뒤에 당의 영주에 강제로 이주당했다. 696년에 영주에서 거란인들이 당에 반기를 들자, 말갈 추장 걸사비우와 함께 고구려인과 말갈인들을 이끌고 영주를 탈출해, 동쪽의 요동 지방으로 옮겨 세력을 키운 다음 발해를 건국했다.

장보고 (? ~846)
통일 신라 시대의 장군. 장보고는 흥덕왕 때 귀국하여 해적을 근절하고 신라 무역선을 보호하고, 국제 무역의 주도권을 잡고자 청해진을 설치할 것을 왕에게 청했다. 이후 청해진을 거점으로 해적을 소탕하고, 중국 산둥성에서 신라를 거쳐 일본에 이르는 뱃길을 장악해 해상왕이라 불렸다.

AD 885~936년
후삼국과 고려

견훤은 신라 **진성 여왕** 때의 혼란을 틈타 전라도 지역을 돌아다니며 세력을 모아 후백제를 세웠다. 고구려의 후예임을 내세운 **궁예**도 철원 지방을 차지하고 근방의 호족들을 평정해 후고구려를 세움으로써 신라, 후백제, 후고구려가 서로 경쟁하는 후삼국 시대가 열렸다. 계속되는 **실정**으로 진성 여왕이 스스로 왕에서 물러나고 왕이 바뀌었지만 신라는 이미 쇠약해질 대로 쇠약해져, 견훤과 궁예가 활발하게 영토를 넓히는 동안, 신라는 계속 영토를 잃어가며 위태로운 나날을 보내야 했다.

후고구려를 세운 궁예는 점점 포학한 정치를 펼쳤다. 이에 **태조 왕건**은 마침내 궁예를 치고, 새 나라 고려를 세운다.

타임라인

885년 최치원이 당나라에서 귀국하였다.

887~889년 신라, 진성 여왕이 즉위하였다. **왕거인 사건**이 일어났다.

896년 농민 반란군 **적고적**이 모량리까지 진출하였다.

900년 견훤이 후백제를 건국하였다.

901년 궁예가 후고구려를 건국하였다.

918년 태조 왕건이 고려를 건국하였다.

926년 거란의 공격으로 발해가 멸망하였다.

930년 고려 태조가 고창 전투에서 후백제에 승리하였다.
935년 견훤이 금산사에 갇히게 되었고, 경순왕 김부가 고려에 항복하였다.
936년 고려가 후삼국을 통일하였다.

A date to remember 기억할 연도
AD 918년
왕건, 고려를 건국하다

AD 885~936년
중요한 사건

887~889년 신라, 진성 여왕이 즉위하였으나 방탕한 생활을 하여 정사를 제대로 돌보지 못했다. 실정을 참지 못한 농민들의 봉기가 이어져 나라가 크게 혼란스러웠다.

900년 견훤은 후백제를 세우고 국가체제를 갖추어 갔다. 후백제는 강성한 군사력을 바탕으로 쉴 새 없이 전쟁을 벌여 옛 백제의 영토를 대부분 다시 찾고, 주변 나라와도 활발히 교류하였다.

901년 철원을 차지한 궁예는 송악(개성)으로 도읍을 옮기고 김포와 강화도까지 손에 넣어 세력을 키운 뒤 후고구려를 건국하였다.

918년 왕건은 궁예를 공격하여 왕위에 올랐고, 국호를 고려라고 정하였다.

926년 거란이 발해로 쳐들어와 사흘 만에 서쪽 요지인 부여성을 함락시켰다. 그로부터 엿새만에 상경성도 포위됨으로써 결국 발해는 멸망하고 말았다.

930년 태조 왕건이 고창에서 견훤의 후백제군 8천 명을 죽여 크게 이기자 경상북도 일대의 호족들과 동해안 일대의 호족들이 고려에 항복해 왔다.

935년 견훤의 첫째 아들 신검이 넷째 금강을 죽이고 왕이 되었다. 아들에 의해 금산사에 갇혀 있던 견훤은 도망쳐 고려의 왕건에게 갔다. 신라 경순왕 김부도 왕건에게 나라를 바쳤다.

▲금산사

936년 왕건이 신검의 군대를 무너뜨림으로써 후삼국을 통일하였다.

유명한 사람들

진성 여왕 (재위 887~897)

신라 제51대 왕. 경문왕의 딸이자 정강왕의 여동생. 선덕, 진덕에 이은 신라의 세 번째 여왕으로 정사를 제대로 돌보지 못해 신라를 망국으로 몰아갔다.

궁예 (재위 912~918)

901년 송악을 도읍으로 삼아 후고구려를 세웠으나 정치 능력이 부족했고, 말년에는 미륵 신앙에 빠져 포학한 정치를 일삼다 왕건에게 쫓겨나게 되었다.

태조 왕건 (재위 918~943)

고려 제1대 왕. 후삼국이 세력을 다투는 혼란 속에서 궁예의 밑으로 들어갔다. 궁예가 계속 정치를 그르치자, 918년 궁예를 몰아내고 왕위에 올랐다. 즉위한 후 국호를 고려로 삼고, 도읍을 철원으로 정했다.

AD 936~1076년

 고려의 안정

　태조 왕건은 옛 고구려의 땅을 되찾아 거대한 제국을 건설하려는 꿈이 있었기 때문에 고구려 계승을 강조하였다. 그래서 후삼국 통일 전쟁으로 정신이 없었던 중에도 고구려의 옛 도읍 서경(평양)을 개척하고, 여진족이 차지하고 있었던 동북쪽의 영토를 정벌하였다. 한편 발해가 고구려 유민이 세운 나라라고 대우하여 발해 유민을 적극적으로 받아들였다. 그러면서도 신라, 백제의 백성들에게도 모두 같은 '고려' 백성이라는 의식을 심어 주기 위해 노력하였다.

　고려는 문화적으로 천하제일의 색채를 가진 고려청자, 섬세한 **나전공예**와 화려하고 정교한 금속 공예가 발달하였고, 종교적으로 불교를 숭상한 나라였다. 높은 문화 수준과 국력을 자랑하며 발전해 갔다.

타임라인

943년 고려의 태조 왕건이 〈훈요 10조〉를 남겼다.
956~958년 광종이 노비안검법과 과거제를 실시하였다.
960년 사색 공복 제도를 실시하였고, 조광윤이 송나라를 건국하였다.
976년 **전시과**를 실시하였다.
982~992년 최승로가 〈시무 28조〉를 올렸다. 전국에 **12목**을 설치하고 3성 6부를 정하였다. **국자감**을 설치하였다.

AD 936~1076년
중요한 사건

943년 〈훈요 10조〉는 고려 태조가 총애하던 중신 박술희를 내전으로 불러 들여 그에게 전해주었다고 한다. 태조가 자신의 뒤를 이을 왕들이 지켜야할 10가지의 도리를 담았다고 하며, 태조의 정치 이념과 사상이 담겨 있다.

956~958년 광종은 공신과 호족의 세력을 누르기 위해 노비안검법과 과거제를 실시하였다. 노비안검법은 부당하게 노비가 된 사람들을 조사하여 다시 일반 백성으로 돌리는 법이었다. 그리고 과거제는 가문이 좋지 않더라도 능력이 뛰어나면 벼슬을 주도록 하는 제도이다.

982~992년 성종은 최승로의 〈시무 28조〉를 기반으로 중앙 관직 제도와 군사 제도를 개편하고, 국자감 설치, 과거제 확대 실시, 지방관 파견 등 국가 제도의 기본 틀이 되는 제도를 갖추고 시행하였다.

993년 거란이 서경 일대의 옛 고구려 땅이 원래 자신들의 땅이니 내놓으라며 1차 침입을 해왔다. 이때 서희가 거란과 담판을 지어 **강동 6주**를 얻어 냈다.

1010년 서북면 도순검사 강조가 목종을 쫓아내고 현종을 왕으로 삼은 것(강조의 정변, 1009년)을 구실로 하여 거란이 2차 침입을 해왔다. 이 과정에서 고려 현종은 개경을 떠나 전라도 나주까지 피난 가는 신세가 되었다. 결국 거란에 **조공**을 바치는 조건으로 전쟁을 마치게 되었다.

1011년 초조대장경 조판을 시작하였고, 초조대장경은 1087년에 완성되었다.

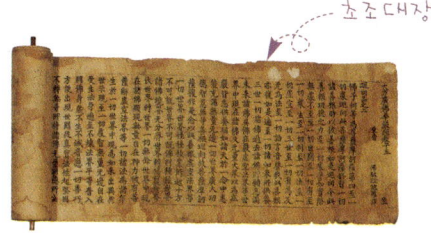
초조대장경

1018~1019년 현종이 약속한 조공을 거절하자 거란이 3차 침입을 해왔다. 강감찬이 귀주 대첩을 성공적으로 이끌어 거란군을 퇴각시켰다.

유명한 사람들

최승로 (927~989)

고려 초기의 문신. 왕의 명령을 받고 〈시무 28조〉를 올려 고려 왕조의 기초를 다지는 데 기여하였다. 12목을 설치하고 목사를 파견하여 중앙집권적 체제를 갖추도록 했다.

강감찬 (948~1031)

고려 초기의 명장. 침착하고 의지가 강했으며, 학문과 지략에 뛰어났다. 강감찬은 1018년 소배압이 이끄는 거란의 10만 대군이 다시 쳐들어오자, 홍화진에서 거란군을 물리쳤다. 또한 이듬해에 자기 나라로 되돌아가는 거란군을 귀주에서 크게 무찔러 이겼는데, 이것을 '귀주대첩'이라고 한다.

AD 1076~1200년
⚔ 고려 말의 혼란

전쟁이 없는 평화로운 시기가 계속되자 고려의 세력가들인 문신들은 점차 무술을 무시하고 무신을 천하게 여기기 시작했다. 그러던 중 김부식의 아들 김돈중이 무신 정중부의 수염을 불에 그슬린 사건과 젊은 문신 한뢰가 대장군 이소응의 뺨을 때린 사건이 일어났다. 이에 분노에 찬 무신들은 수많은 문신들을 살해하고, 의종을 왕위에서 쫓아낸 다음 새 왕을 세웠다.

명종이 왕위에 올랐지만 이름만 왕일뿐 모든 권력은 무신에게 있었다. 정권을 잡기 위해 혈안이 된 무신들의 다툼은 계속되고 나라는 혼란스러웠다. 그리고 최충헌이 절대 권력을 잡은 뒤에는 60년간 무자비한 최씨 정권이 계속되었다.

타임라인

해동통보

1086년 의천이 **속장경** 조판을 시작하였다.
1102년 해동통보를 주조하였다.
1107년 윤관이 여진을 정벌하고, **동북 9성**을 개척하였다.
1126년 이자겸의 난이 일어났다.
1135년 묘청의 난이 일어났다.
1145년 김부식이 《삼국사기》를 편찬하였다.

중요한 사건
AD 1076~1200년

1107년 여진족이 군사력을 키우고 고려와 무력 충돌을 벌이자 이에 윤관은 **별무반**을 만들어 여진을 정벌하고, 동북 9성을 개척하였다. 이후 자기 땅을 빼앗긴 여진족의 화풀이와 돌려달라는 간청이 계속되자, 1109년 고려는 여진의 뜻을 받아들여 9성을 다시 돌려주게 된다.

1126년 자신의 딸을 차례로 여러 왕의 비로 들여보낸 이자겸이 빠르게 승진해 권력을 휘두르자 인종은 이자겸의 권력에 대한 욕심을 경계하게 된다. 그리고 얼마 후 이자겸과 그 일당은 궁궐에 불을 지르고 난을 일으킨다.

1135년 서경 천도가 좌절되자 묘청과 조광, 유참 등은 1135년에 서경에서 난을 일으켜 새로운 나라를 세웠고, 이 난은 결국 김부식에 의해 진압된다.

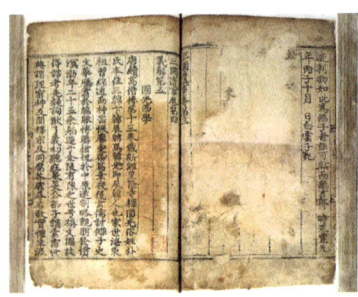

▲삼국사기

1145년 고려 왕조는 이자겸의 난과 묘청의 난 등 귀족 사회의 동요를 수습하고 난 뒤, 앞 시대의 역사를 정리한 정사(正史)를 편찬한다. 이것이 바로 김부식의 《삼국사기》이다.

1170년 의종과 문신들의 사치스런 생활에 대한 불만과 무신 차별에 대한 분노가 폭발해 무신정변이 일어난다. 혼란스러운 나날이 계속되었으며, 무신 집권자도 이의방, 정중부, 경대승, 이의민의 순으로 계속 바뀌었다.

1196년 최충헌이 집권하였다. 최충헌이 이의민을 제거하고 권력을 잡은 뒤 강력한 독재 체제를 만들어 갔으며, 이를 바탕으로 최씨 가문은 4대 60여 년에 걸쳐 국왕을 능가하는 권력을 휘두른다. 그는 당시의 폐단을 지적하고 개혁을 요구하는 〈봉사 10조〉를 올려 자신의 집권을 정당화하며 독재 정권의 기반을 삼았다.

유명한 사람들

김부식 (1075~1151)

고려 중기의 문신 · 유학자 · 역사가. 서경 천도 운동에 반대해 묘청의 난을 진압했고, 《삼국사기》를 편찬했다. 송의 사신 서긍은 《고려도경》에서 김부식의 인품과 문장에 감탄해 그를 크게 칭찬했다.

묘청 (? ~1135)

고려 중기의 승려. 서경 출신으로 1128년에 서경으로 도읍을 옮길 것을 주장하고, 서경에 **대화궁**을 짓도록 했다. 개경 세력의 반대로 서경 천도가 받아들여지지 않자 반란을 일으켰다.

AD 1200~1350년
몽골의 침입

　최씨 정권이 안정되어갈 무렵, 저고여라는 몽골 사신이 고려에 왔다 돌아가는 길에 압록강 근처에서 살해되는 일이 생긴다. 몽골은 이를 빌미로 고려에 쳐들어왔고, 4차에 걸쳐 30년간의 기나긴 전쟁이 계속되었다. 몽골은 엄청난 양의 공물을 요구하고 고려에 **다루가치**를 파견하였다. 고려의 **대몽항쟁**은 계속되었고 백성들은 고통 속에서 살아야 했다.
　팔만대장경은 이처럼 치열한 전쟁 중에 만들어졌다. 1011년에 만든 초조대장경이 불타고 나서, 최우는 '신통한 힘으로 추악한 오랑캐를 이 땅에서 떠나게 해 달라'고 비는 마음을 담아 1237년부터 16년간이나 팔만대장경을 만들게 했다.

타임라인

1206년 칭기즈칸이 몽골을 통일하였다.
1225년 몽골 사신 저고여가 피살되었다.
1231~1232년 몽골의 1, 2차 침입이 있었고, 고려는 강화도로 **천도**하였다.
1234~1237년 금속활자로 〈상정고금예문〉 50권을 간행하였고, 팔만대장경 조판을 시작하였다. 황룡사 9층 목탑과 장륙불상이 불탔다.
1258년 몽골이 고려에 **쌍성총관부**를 설치하였다.
1270~1271년 고려는 개경으로 다시 수도를 옮겼고, 이때부터

삼별초의 대몽항쟁이 시작되었다. 몽골에서는 원나라가 건국되었다.

1274~1279년 충렬왕이 즉위하였다. 여·원 연합군의 1차 일본 원정이 이루어졌다. 원, 남송을 멸망시키고 중국을 통일하였다.

1280~1281년 원이 고려에 **정동행성**을 설치하였다. 여·원 연합군의 2차 일본 원정이 이루어졌다.

1308년 원에서 충선왕을 **심양왕**에 봉하였다.

1318년 충선왕이 **만권당**을 설치하였다.

A date to remember 기억할 연도

AD 1237년 팔만대장경 조판 시작

중요한 사건

AD 1200~1350년

1231 ~ 1232년 1231년 몽골이 1차 침입을 해왔다. 몽골군이 강력한 군사력으로 닥치는 대로 백성들을 죽이고 약탈하는 잔인한 모습을 보이자, 고려 조정은 요구 사항을 들어주겠다며 전쟁을 중지해 줄 것을 요청했다. 몽골은 자신들이 점령한 성에 다루가치들을 두고 수많은 공물과 인질을 요구하였다. 이에 무신 집권자 최우는 끝까지 몽골에 저항하기로 마음먹고 강화도로 천도하였다. 그리고 몽골에서 파견한 다루가치를 죽여 버렸다. 이에 몽골은 2차 침입을 해왔다. 이때 대구 부인사에 보관되어 있던 초조대장경이 불탔다.

1234 ~ 1237년 금속활자로 〈상정고금예문〉 50권을 간행하였다. 그리고 팔만대장경 조판을 시작하였다. 몽골의 3차 침입 때문에 황룡사 9층 목탑과 천재 조각가 양지가 만든 장륙불상이 불타 하루아침에 잿더미가 되었다.

1270 ~ 1271년 몽골의 압박으로 개경으로 환도했지만, 이에 반대한 삼별초가 강화도에서 반란을 일으켜 대몽항쟁을 시작했다. 얼마 후 배중손이 이끄는 삼

▲황룡사 9층 목탑

별초는 진도로 내려가 여·원 연합군과 전투를 벌이다 여·원 연합군의 기습에 대파하여 제주도로 이동하다 1273년 최후를 맞이하게 되었다.

1274~1279년 충렬왕이 즉위하자 쿠빌라이는 자신의 막내딸 제국대장공주를 충렬왕과 결혼시켰다. 원은 남송을 멸망시키고 중국을 통일하였다.

▲삼별초 항쟁

1280~1281년 원나라는 고려의 개경에 정동행성이라는 관청을 설치하여 고려의 내부 정치를 간섭하였다.

유명한 사람들

최우 (? ~1249)

고려 중기의 무신. 최충헌이 죽자 뒤를 이어 권력을 잡았다. 몽골의 1차 침입을 겪은 후 강화 천도를 결정하고 몽골의 침입을 막았다. 또한 몽골의 침입으로 초조대장경이 불타버리자 팔만대장경을 다시 새기도록 했다.

배중손 (? ~1271)

삼별초의 항쟁을 주도한 무신. 고려가 몽골과 강화를 맺고 개경으로 수도를 옮기자, 개경에 있던 조정과 몽골에 대항하여 싸움을 시작했다. 강화도에서 밀려 진도까지 내려가 싸웠지만 여·원 연합군에 패하고 전사했다.

AD 1350~1392년
고려의 멸망

　1351년 왕위에 오른 공민왕은 고민이 많았다. 관리들은 원나라에 빌붙어 권력을 누리며 백성들의 재산을 빼앗아 못살게 굴었고, 북으로는 홍건적이 두 번이나 침입해 왔으며, 남으로는 왜구가 극성맞게 들끓었기 때문이다. 하지만 이성계, 최영, 최무선의 공으로 이 모든 것을 평정할 수 있었다. 공민왕은 원나라가 혼란스러운 틈을 타서 원나라와의 인연을 끊고 고려를 바로 세우기로 결심한 후 친원 세력을 몰아내고 정치를 개혁해 나갔다. 그러나 공민왕이 피살되고 만다.

　우왕이 왕위에 오르자, 명나라는 원나라가 다스리던 곳을 자신들이 다스리겠다고 압박해 오면서 나라가 혼란스러워진다. 이에 최영과 몇몇 대신이 명나라가 들어오는 길목인 요동을 공격하자고 주장하나, 이에 반대한 이성계는 오히려 위화도에서 군사를 돌려 우왕과 창왕을 죽이고 공양왕을 왕위에 올린다. 이후, 3년 만에 공양왕이 왕위에서 물러나고 이성계가 왕위에 올라 조선 왕조를 열면서 고려는 역사의 뒤편으로 사라지게 된다.

타임라인

1351년 공민왕이 즉위하였다. 원나라에서 **홍건적의 난**이 일어났다.
1356년 공민왕이 쌍성총관부를 수복하였다.

1359년 홍건적이 침입하였다.
1366년 신돈이 전민변정도감을 설치하였다.
1374년 공민왕이 피살되고, 우왕이 즉위하였다.
1376~1377년 최영이 홍산 대첩을 이끌었고, 화통도감을 설치하였다.
1380년 최무선이 진포 대첩을, 이성계가 황산 대첩을 이끌었다.
1388년 이성계가 위화도에서 회군하였다.
1389년 박위가 쓰시마 섬을 정벌하였다. 우왕과 창왕이 죽임을 당했다.
1392년 고려가 멸망하고 이성계에 의해 조선이 건국되었다.

A date to remember 기억할 연도

AD 1392년 고려가 멸망하다

AD 1350~1392년
중요한 사건

1359년 원나라 지배에 대항한 한족 반란군 홍건적이 원나라에 밀려 고려 땅으로 넘어왔다. 고려군은 두 차례에 걸친 홍건적의 침입을 모두 막아냈다.

1366년 신돈이 전민변정도감이라는 관청을 두고 억울하게 땅을 빼앗기거나 노비가 된 사람들을 구제해 주었다. 신돈의 개혁 정치와 권력을 못마땅하게 여긴 귀족들은 신돈이 반역을 꾀한다며 모함하여 신돈을 죽음으로 몰아갔다.

1374년 개혁에 앞장서던 공민왕이 피살되었다. 《고려사》에는 명문가의 자제들로 구성된 자제위 소속의 홍륜과 환관 최만생 등이 공민왕이 자신들을 처단하려 한다는 사실을 알고 먼저 공민왕을 살해하였다고 기록되어 있다.

1388년 요동 정벌을 놓고 이성계는 명나라를 이기기 어려우니 군대를 돌이키자는 자신의 의견이 받아들여지지 않자 위화도에서 군대를 돌려 개경으로 쳐들어왔다.

1389년 박위가 쓰시마 섬을 정벌하였다. 우왕과 창왕이 신돈의 아들이라 하여 이성계에게 죽임을 당하고 이성계의 친척인 공양왕이 왕위에 올랐다.

1392년 정몽주가 새 나라의 건국에 반대해 선죽교에서 죽임을 당했다. 결국 고려가 멸망하고 이성계에 의해 조선이 건국되었다.

유명한 사람들

공민왕 (재위 1351~1374)

고려 제31대 왕. 80여 년간 지속된 원의 간섭을 물리치고 부패한 조정을 개혁해 고려 왕조를 굳게 세우려 노력했다. 왕권 강화와 원에 반대하는 정책에 힘써 변발과 호복같은 몽골 풍속을 폐지했다. 그리고 원의 연호를 폐지하고, 내정을 간섭했던 정동행성을 폐지했다. 또한 함경도 땅의 쌍성총관부를 공격해 되찾았다.

신돈 (? ~1371)

고려 공민왕 때의 승려. 공민왕은 왕권을 강화하고 개혁을 실시하고자 1364년에 귀족적 배경이 없는 신돈을 불러들여 국정을 맡겼다. 1366년 전민변정도감을 만들어 권세가들이 불법으로 빼앗은 토지와 노비를 원래의 주인에게 찾아 주었고, 성균관을 **중건**하여 이색, 정몽주, 이숭인 등 사대부를 통해 성리학을 발전시켰다.

AD 1392~1418년
 조선의 건국

1392년 태조 이성계가 왕이 되었다. 처음부터 나라의 이름을 바꾸지는 않았지만 나라의 기틀이 갖춰지자 옛 고조선의 영광을 계승한다는 의미에서 국호를 '조선'이라 정했다. 건국 이념으로는 유교를 선택하고 왕과 신하가 덕으로 나라를 함께 다스린다는 왕도 정치를 표방하였다.

외교 정책으로는 사대교린을 내세웠는데, 사대교린이란 명나라처럼 강하고 큰 나라는 받들어 섬기고, 일본이나 여진같은 이웃 나라는 우호적으로 교류하여 나라를 안정되게 이끄는 것을 말한다.

조선은 500년 동안 고려의 도읍이었던 개경을 떠나 한양을 도읍으로 정하며 새로운 시대를 열었다.

타임라인

1392년 태조 이성계가 왕이 되었고, 국호를 '조선'으로 정하였다.
1394년 한양으로 천도하였고, 정도전이 《조선경국전》을 편찬하였다.
1395년 종묘와 경복궁을 완성하였다.
1396년 정도전이 요동 정벌을 추진하였다.
1398년 제1차 왕자의 난이 일어났다. 정종이 즉위하였다.
1399년 도읍을 개성으로 옮겼다.
1400년 제2차 왕자의 난이 일어났다.

1401년 **신문고**를 설치하였다.
1402년 **호패법**을 실시하였고, 〈**혼일강리역대국도지도**〉가 만들어졌다.
1405년 도읍을 다시 한양으로 옮겼고, 창덕궁이 완공되었다.
1413~1415년 조선 8도의 지방 행정 조직이 완성되었고, **벽골제** 보수공사가 진행되었다.
1416년 4군을 설치하였다. 관리의 관복 제도를 정했다.

A date to remember 기억할 연도
AD 1413년
조선 8도가 완성되다

AD 1392~1418년
중요한 사건

1392년 새 임금이 된 태조 이성계는 처음에는 나라 이름을 바꾸지 않았지만, 곧 국호를 '조선'이라 정하고 왕위에 올랐다.

1394년 태조 이성계는 새로운 왕조에 새로운 기풍을 불어넣기 위해 도읍을 한양으로 정했다. 조선 건국의 대표적인 공신 정도전은 새 나라의 제도와 법이 될 《조선경국전》을 편찬해 왕에게 바쳤다.

▲경복궁

1395년 한양으로 신하들을 보내어 종묘와 경복궁을 완성하였다. 뒤이어 다른 시설들도 마련되어 한양은 새로운 도읍으로 모습을 갖추게 되었다.

1398년 제1차 왕자의 난이 일어났다. 태조 이성계의 다섯째 아들 이방원이 태조 이성계가 병에 걸려 힘이 없는 틈을 타서 정도전과 세자 방석을 제거하고 권력을 잡았다. 태조 이성계는 어쩔 수 없이 왕위를 둘째 아들인 방과에게 물려주어, 정종이 즉위하게 된다.

1400년 제2차 왕자의 난이 일어났다. 정종은 자식이 없었기 때문에 넷째 방간과 다섯째 방원이 후계자 자리를 놓고 서로의 사병을 데리고 싸우다 방원이 승리하게 되었다. 방간은 유배를 당했고, 방원은 얼마 되지 않아 정종에게 왕위를 물려받았다. 태종이 즉위하여 왕과 세자를 보호하는 군사만 남기고 모든 사병을 없앴다.

1413~1415년 태종은 조선 8도의 지방 행정 조직을 완성하였다. 경기도, 충청도, 전라도, 경상도, 황해도, 강원도, 평안도, 함경도가 그 8도였다. 태종은 수리 사업에도 큰 힘을 들여 가뭄이나 홍수에 대비하기 위해 저수지 둑인 벽골제 보수 공사를 진행했다.

유명한 사람들

태조 이성계 (재위 1392~1398)

조선의 제1대 왕. 고려 말의 무장. 활쏘기에 뛰어나 1356년(공민왕 5년)에 등용되고, 26세 때 홍건적을 쫓아내는 데 큰 공을 세웠다. 이때 이미 2천여 명의 사병을 거느릴 정도의 군사력을 보유한 이성계는 최영이 우왕을 움직여 요동을 정벌할 것을 결정했을 때 이를 반대해 고려를 멸망시키고 조선을 세웠다.

정도전 (1342~1398)

고려 말, 조선 초의 학자·문신. 이성계를 새 임금으로 추대하여 조선 왕조를 세운 조선 건국의 주역으로 각종 제도를 개혁하고 정비해서 조선 왕조의 기틀을 다졌다.

AD 1418~1484년

📖 조선의 발전

　태종이 나라의 이념과 제도를 갖추어 놓았다면, 세종은 그것을 기반으로 나라를 번영, 발전시킨 왕이다. 학문과 과학, 예술 등의 문물을 발전시켰을 뿐 아니라 백성을 진정 사랑하여 조선 제일의 성군으로 칭송받았다.

　조선 왕조는 세종에서 문종, 단종, 세조, 예종, 성종 등 6명의 왕을 거치면서 안정되어 갔다. 세조가 단종의 왕위를 빼앗음으로써 이 태평성대는 잠시 주춤하였으나 어진 정치를 하려는 왕들의 노력으로 조선의 제도는 정비되었고, 문화는 더욱 발전하고 백성들은 살기가 좋아졌다. 우리 고유의 의학 서적과 역사서, 문학 작품집과 지리지를 편찬하여 학문과 예술을 발달시켰다. 그리고 각종 발명품과 우리 농법의 개발로 백성들의 생활이 안정되어 갔다.

타임라인

1418년 태종이 임금의 자리를 물려주고, 세종이 즉위하였다.
　　1420년 집현전을 확장하였다.
　　1433년 천문 관측기구인 **혼천의** 제작을 시작하였다.
　　1434년 김종서가 여진족을 몰아내고 6진을 설치하였다.
　　1441년 측우기가 제작되었다.

▲측우기

1443~1446년 훈민정음이 창제되고, 반포되었다.
1452년 단종이 즉위하였다.
1453년 **계유정난**이 일어났다.
1455년 세조가 즉위하였다.
1468년 예종이 즉위하였으나, 1년여 만에 병으로 죽었다.
1469년 성종이 즉위하였다.

▲단종

A date to remember 기억할 연도

AD 1443년
훈민정음이 창제되다

중요한 사건

AD 1418~1484년

1418년 태종은 맏아들인 양녕대군을 세자에서 폐하고, 셋째 아들인 충녕대군을 세자로 정해 왕위를 물려주었다.

1420년 세종은 고려 시대부터 있던 집현전을 확대해 왕성한 활동을 하도록 지원했다. 집현전 학사들은 나라를 다스리는 데 필요한 여러 제도와 문물을 연구하였다.

1434년 김종서는 두만강 근처의 여진족을 몰아내고 온성, 종성, 경원, 경흥, 회령, 부령에 군사상 필요한 특별 행정 구역인 6진을 설치하였다.

1443~1446년 세종은 1443년 훈민정음을 만들어 1446년에 널리 반포하였다. 세종은 우리나라의 말소리가 중국과는 다른 점에 문제를 느끼고 음운학 연구를 바탕으로 우리글을 만들었다.

1452년 병약한 문종은 즉위한 지 2년 만에 김종서, 성삼문 등의 신하에게 어린 단종을 부탁하고 죽었다. 단종이 12세의 나이로 즉위하였다.

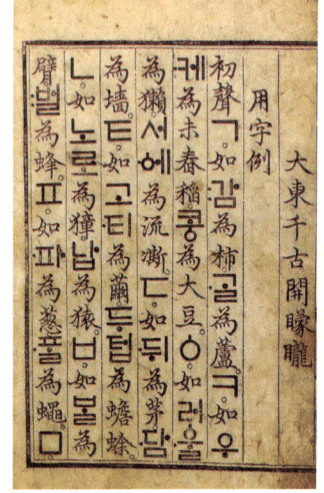

▲ 훈민정음

1453~1455년 계유정난이 일어나, 단종의 숙부였던 수양대군이 김종서를 살해하고 정권을 잡았다. 단종이 수양대군에게 왕위를 물려주어 세조가 즉위했으나, 신하들이 단종의 복위를 꾀하는 바람에 단종은 영월로 유배되었다가 죽임을 당하였다.

1469년 세조의 손자인 성종이 즉위하여 성군의 정치를 이끌었다.

유명한 사람들

세종 (재위 1418~1450)

조선 제4대 왕. 백성들이 쉽게 배울 수 있는 우리 문자가 필요하다고 생각해 훈민정음을 창제했고, 농업 발전에 필요한 각종 기구들을 제작했다. 혼천의, 해시계, 물시계, 측우기 등을 만들었고, 국방에 필요한 무기들도 개량하고 화약 무기도 개발했다. 세종은 재위 32년간 민족 문화의 황금시대를 열어 '해동의 요순'이라고 추앙받았다.

단종 (재위 1452~1455)

조선 제6대 왕. 1453년에 숙부인 수양대군이 계유정난을 일으켜 김종서, 황보 인 등을 죽이면서 왕의 실권을 빼앗아 갔다. 세조 2년 성삼문 등이 단종 복위사건을 일으키자, 단종은 노산군으로 강봉되어 강원도 영월에 유배되어 죽었다. 그리고 숙종 24년에 이르러서야 단종으로 복위하게 된다.

AD 1484~1590년

사림과 사화

조선 초기부터 각종 정변에 참가하여 공을 세운, 높은 벼슬을 하던 훈구파의 권력은 **성종** 때까지도 계속되며 폐단을 낳았다.

성종 때에 이르러 학문이 깊고 개혁적인 사림파들이 인재로 등용되었다. 사림파가 **삼사**를 통해 훈구파의 비리를 집중적으로 비판하자 훈구파와 사림파의 대립이 본격화 되었다. 성종이 죽고 **연산군**이 즉위하면서 사림파와 훈구파의 대립은 더욱 심해져 여러 차례의 처참한 **사화**를 낳게 된다. '사림이 화를 입었다' 라는 뜻의 사화는 연산군에서 중종, 인종, 명종의 재위 기간까지 계속되면서 피바람을 일으킨다. 사화를 겪으며 사림들은 지방으로 내려가 서원을 세우고 뜻을 같이 하는 제자들을 기르다 선조 때에 이르러 정치에서 주도권을 잡게 된다.

타임라인

1494~1498년 연산군이 즉위하였다. 무오사화가 일어났다.
1504~1506년 갑자사화가 일어났다. 중종 반정이 일어났다.
1510~1512년 3포에서 왜란이 일어났다. **임신약조**가 체결되었다.
1519년 중종 14년, 기묘사화가 일어났다.
1543년 주세붕이 최초로 백운동 서원을 설립하였다.
1545년 명종 즉위 후 을사사화가 일어났다.

1550년 백운동 서원이 '소수서원'이라는 편액을 받아 최초의 사액 서원이 되었다.
1574년 도산서원을 세웠다.
1589년 정여립 모반 사건이 일어났다.

▲도산서원

A date to remember 기억할 연도
AD 1543년
백운동 서원 설립

AD 1484~1590년
중요한 사건

1485년 세조 때부터 만들기 시작한 조선 최초의 종합 법전인 《경국대전》이 성종 때에 간행되어 법치국가가 완성되었다.

1494 ~ 1498년 연산군 재위 4년, 훈구파는 사림파가 세조를 비방하고 왕조를 부정한다고 모함하여 많은 사람이 죽임을 당하게 했다.(무오사화, 1498년)

1504 ~ 1506년 연산군의 어머니 윤씨가 폐비가 되어 사약을 받은 일로 훈구파와 사림파 사람들이 죽임을 당하게 되었다.(갑자사화, 1504년) 위기감을 느낀 훈구파들은 갑자사화 이후 연산군을 몰아내고, 중종을 새로운 왕으로 추대했다.(중종반정, 1506년)

1519년 중종 14년 훈구파들은 개혁 세력인 사림파, 조광조를 몰아내기 위해 조씨가 왕위에 오른다는 **주초위왕** 사건을 꾸며, 조광조와 그의 측근들은 역모에 연루되어 죽게 되었다.(기묘사화)

1543년 주세붕이 풍기 군수로 있으면서 백운동 서원을 세웠다. 이 서원은 1550년에 이황이 명종에게 아뢰어 '소수서원'이라고 쓴 액자인 편액을 받아 나라가 공인하는 최초의 사액 서원이 되었다.

▲소수서원

1545년 명종 즉위 후, 명종의 외삼촌인 윤원형이 이전 왕이었던 인종의 외삼촌인 윤임 일파를 역적으로 몰아 대거 숙청했다.
또한 역모 사건을 조작해 자신을 반대하는 사림파 인사들을 처형하거나 귀양 보냈다.(을사사화)

유명한 사람들

성종 (재위 1469~1494)

조선 제9대 왕. 어려서부터 총명하고 무예와 서화에도 재능이 있어서 할아버지인 세조의 총애를 받았으며, 재위 25년간 큰 치적을 남겼다.

연산군 (재위 1494~1506)

조선 제10대 왕. 왕위에 있는 동안 무오·갑자사화를 계기로 사림파를 비롯한 많은 사람들을 죽였고, 왕권을 멋대로 행사했다. 결국 중종반정으로 폐위되었다. 연산군은 성종과 **폐비 윤씨**의 아들인데, 생모인 윤씨가 사약을 받고 죽었기 때문에 세자 시절을 불우하게 보냈다. 처음에는 백성들을 위한 정치를 펴고, 국방에 힘썼으나, 폐비 윤씨 사건을 계기로 삼아 갑자사화를 일으켜 많은 대신들을 처형했다고 한다.

AD 1590~1649년
임진왜란과 병자호란

　1592년 일본이 조선을 침략해왔을 때, 조선은 아무런 준비도 없이 일본을 맞게 되었고, 수없이 많은 백성들이 일본의 총칼에 죽어갔다.
　선조는 무력하게 백성을 버리고 의주까지 피난을 갔고, 일본군은 거침없이 평양까지 북진해 평양을 점령하기에 이른다. 왕과 조정이 도망가자, 백성들이 스스로 자기 고장과 나라를 지키기 위해 의병을 일으켜 목숨을 바쳐 일본군과 싸웠다. 또한 이순신이 이끄는 수군이 해전에서 연이어 승리하면서 전세는 바뀌게 되었다. 그러나 그 이후로도 외적의 침탈은 계속된다. 청나라가 병자호란을 일으켜 조선은 또 한 번 위기에 처하게 된다.

타임라인

1590년 일본에 통신사를 파견하였다.
1592년 임진왜란이 발발하였다. 이순신 장군이 한산도 대첩을 이끌었다.
1593년 **권율**이 행주 대첩을 이끌었다.
1597년 **정유재란**이 일어났다. 칠천량 해전, 직산 전투, 명량 해전, 울산성 전투가 치러졌다.
1598년 노량 해전을 치렀다. 임진왜란이 종결되었다.

1623~1625년 인조반정이 일어났다. **이괄**이 난을 일으켰다.
1627년 인조 5년, 정묘호란이 일어났다.
1636년 병자호란이 일어나 인조가 남한산성으로 몸을 피했다.
1637년 인조가 삼전도에서 청나라에 항복을 하였다.

▲남한산성

A date to remember 기억할 연도
AD 1592년
한산도 대첩

AD 1590~1649년
중요한 사건

1592년 일본이 임진왜란을 일으켰다. 일본군이 동래성으로 진격해 왔고, 동래 부사 송상현은 끝까지 싸우다 전사했다. 이순신은 옥포·합포·당포·당항포에서 일본 수군과 맞서 싸웠고 승리하였다. 그리고 한산도 앞바다에서 도망치는 일본군을 섬멸하여 커다란 타격을 주었다.

1593년 조선군과 명나라군이 연합하여 평양성을 탈환하였다. 권율이 이끄는 행주 대첩도 관군과 남녀노소의 백성들이 결사 항전하여 승리하게 되었으나, 일본군의 맹공격을 받은 진주성 전투는 패배했다. 일본군은 계속 조선에 주둔하면서 약탈을 일삼았고, 일본과 명군 간의 협상은 1596년까지 지지부진하게 이어졌다.

1597년 **도요토미 히데요시**가 정유재란을 일으켰다. 이순신이 모함을 받아 해직당하자 일본군은 이순신이 없는 칠천량 해전에서 대승을 거뒀다. 당황한 조정은 다시 이순신을 보내고 이순신은 남아 있는 배 12척으로 직산 전투와 명량 해전에서 큰 승리를 거둔다.

1598년 이순신이 노량에서 일본군의 퇴로를 차단한 다음, 적선 200척을 격

파함으로써 7년간의 기나긴 임진왜란을 승리로 이끌었다.

1623～1625년 인조반정이 일어났다. 광해군은 폐위되고, 조카인 능양군(인조)이 왕위에 올랐다.

1627년 후금이 광해군의 원수를 갚으러 왔다는 핑계로 정묘호란을 일으켰다. 다행히 정묘호란은 협상을 통해 쉽게 끝났다.

1636～1637년 후금은 나라 이름을 청으로 바꾸고, 병자호란을 일으켜 조선에 쳐들어온다. 인조가 삼전도에서 청나라 황제에게 세 번 절하고 아홉 번 머리를 조아리는 치욕적인 항복을 하였다.

▲삼전도비

유명한 사람들

권율 (1537~1599)
조선 중기의 무신·명장. 임진왜란 때 행주 대첩을 이끌었으며, 도원수가 되어 조선 군대를 총지휘했다.

이순신 (1545~1598)
조선 중기의 무신. 이순신은 지극한 충성심과 뛰어난 통솔력을 발휘해 임진왜란 중 모든 해전을 승리로 이끌며 국가를 위기에서 구해냈다. 정의감과 용감함을 고루 갖춘 훌륭한 장수였다.

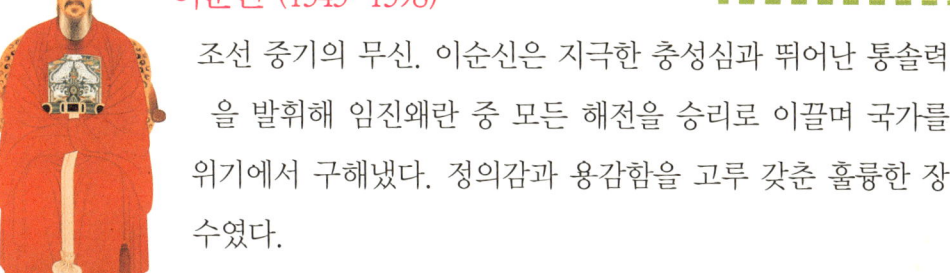

AD 1649~1800년
다시 일어서는 조선

1649년 인조의 뒤를 이어 왕위에 오른 효종은 병자호란 때의 굴욕을 떠올리며 청나라를 치기 위해 북벌을 준비했다. 그러나 갑자기 청나라가 러시아를 막기 위한 목적으로 파병을 요구했고, 아직 청나라를 칠 시기가 아니라고 판단한 효종은 우선 나선(러시아) 정벌에 동참하기로 하였다. 그 결과 조선은 두 차례의 나선 정벌에서 모두 승리하였고, 이를 통해 효종은 북벌에 대한 자신감을 갖게 되었다. 그러나 효종의 죽음으로 북벌은 중단되고 만다.

현종, 숙종 때에 이르러 조정의 당파 싸움은 더욱 심해진다. 당파에 상관없이 고루 인재를 등용하자는 탕평론이 제기되었으나 제대로 시행되지 못하다, 영조와 정조 때에 이르러서야 비로소 탕평책이 시행되었다. 또한 영조와 정조는 실학을 받아들이고 백성들을 위한 정치를 펴서 다시 한 번 조선의 태평성대를 열었다.

타임라인

상평통보

1654~1658년 1, 2차 나선(러시아) 정벌이 이루어졌다.
1674~1678년 숙종이 즉위하여 전국적으로 **상평통보**를 사용하게 하였다.
1708년 대동법이 완성되었다.
1712년 백두산정계비를 세웠다.

A date to remember 기억할 연도

AD 1796년
수원화성을 짓다

1724~1725년 영조가 즉위하였다. 영조가 탕평책을 실시하였다.

1750년 영조가 균역법을 실시하였다.

1776년 정조가 즉위하였고, **규장각**을 설치하였다.

1783~1784년 이승훈이 청에 가서 세례를 받아 천주교 전도를 시작하였다.

1791년 시전 상인의 독점을 막는 **신해통공**을 발표하였다.

1792년 정약용이 **거중기**를 설계하였다.

1796년 정조가 수원화성을 완공하였다.

AD 1649~1800년
중요한 사건

1674~1678년 숙종이 즉위하였다. 숙종은 전국적으로 화폐를 쓰게 하고 상평통보라는 돈을 만들어 사용하게 하였다.

1708년 대동법은 공물을 쌀로 통일하여 바치게 하던 조세 제도로 광해군 즉위년에 시행하여 숙종 때 완성되었다.

1712년 숙종은 중국과 국경을 정하기 위해 백두산정계비를 건립하였다.

▲백두산정계비

1724~1725년 새로 즉위한 영조는 당파 싸움의 폐단을 느끼고 왕이 당파에 휘둘리지 않고 당파의 구별 없이 고르게 인재를 뽑아 쓰는 탕평책을 실시하였다. 반발이 거셌지만 영조는 끝까지 탕평책을 밀어붙였다.

1750년 영조는 백성들이 지는 무서운 군역 부담을 덜어 주고자 16개월에 2필씩 내던 **군포**를, 1년에 1필만 부담하게 하는 균역법을 실시했다.

1776년 정조가 즉위하였다. 정조는 창덕궁 후원에 규장각을 짓고, 궁중에 있는 책을 모두 규장각으로 옮겨 젊은 학자들이 나라를 위한 학문에 정진할 수 있도록 해주었다.

▲규장각

1791년 정조는 신해통공을 발표해 **시전** 상인의 독점과 횡포를 막는 **금난전권**을 없애 다른 상인들도 자유롭게 거래하도록 했다.

1796년 정조는 억울하게 죽은 아버지 **사도세자**의 묘(현륭원)를 수원으로 옮기고 현륭원을 보호한다는 구실로, 정약용에게 호위 군대인 장용영이 머무를 수 있는 화성을 완공했다.

▲정조의 화성 행차 그림(부분)

유명한 사람들

영조 (재위 1724~1776)

조선 제21대 왕. 탕평책으로 **붕당**간의 세력을 조정하여 왕권을 강화하고자 했다. 또 양인들의 군역 부담을 줄이고자 균역법을 실시하고 신문고 제도를 부활하는 등 여러 가지 개혁을 실시하여 백성들의 삶을 이롭게 했다.

정조 (재위 1752~1800)

조선 제22대 왕. 1762년 아버지인 사도세자가 **당쟁**에 희생되어 뒤주 안에서 죽게 되고, 정조 또한 **세손** 시절 온갖 위험 속에서 홍국영 등의 도움을 받아 어려움을 이기고 왕위에 오르게 된다. 정조는 규장각을 두어 문화 정치를 추진했고, 탕평책을 내세워 왕권을 강화하고자 했다.

AD 1800~1873년
개화와 척화

정조가 죽고 순조가 11세의 나이로 왕위에 오르자, 영조의 계비였던 **정순왕후**가 대신 수렴청정을 하게 되면서 정조가 아끼던 정약용과 같은 남인 학자들을 죽이거나 유배시켰다. 영·정조 때의 탕평과 개혁의 의미는 사라져 가고 순조의 장인인 **김조순**이 권력을 잡은 후 **세도 정치**는 무려 60년 동안이나 계속되었다. 조정은 썩을 대로 썩어 부정부패가 판을 쳤다. 나라가 어지러워지자 홍경래의 난이 일어났고, 농민 봉기가 잇달아 일어났다.

밖으로는 서양의 세력들이 조선으로 몰려와 통상을 요구했다. 조선 내에서는 외세에 문을 열자는 개화 세력과 서양 문물을 받아들이지 말자는 척화의 세력이 갈등을 벌였다. 고종의 아버지인 흥선대원군은 천주교를 박해하고 나라의 문을 닫아걸었다. 평화로운 시기가 끝난 조선은 새로운 시대를 맞아 안팎으로 몸살을 앓게 되었다.

타임라인

1801년 순조 1년, **공노비**가 해방되었다. 신유박해가 이루어졌다.
1805년 순조의 장인 김조순이 세도 정치를 시작하였다.
1811년 홍경래의 난이 일어났다.
1846년 김대건 신부가 **새남터**에서 순교하였다.

1860년 철종 11년, 최제우가 **동학**을 창시하였다. 청나라가 영국, 프랑스, 러시아와 베이징 조약을 체결하였다.
1863~1865년 고종이 즉위하였고, 흥선대원군이 집권하였다.
1866년 제너럴셔먼호 사건이 일어났다. 프랑스가 병인양요를 일으켰다.
1868년 **남연군** 묘 도굴 사건이 일어났고, 경복궁이 중건되었다.
1871년 신미양요가 일어났다. 이를 계기로 전국에 **척화비**를 세웠다.

A date to remember 기억할 연도
AD 1866년
제너럴셔먼호 사건

AD 1800~1873년
중요한 사건

1801년 공노비들이 자주 도망을 가자 나라에서는 노비 문서를 불태우고 왕실과 중앙 관서의 공노비를 해방시켰다. 정순왕후는 수렴청정을 하면서, 남인 세력을 제거하기 위해 천주교를 대대적으로 탄압하였다. 이때 이승훈, 정약종 등 200명을 처형하였다. 이것을 신유박해라고 한다.

1811년 평안도 양반에 대한 차별과 관리들의 부정부패에 대한 불만으로 홍경래가 난을 일으켜 농민들의 호응을 받았으나, 결국 진압되고 말았다.

1863~1865년 철종이 뒤를 이를 아들 없이 세상을 떠나자, 그 뒤를 이어 고종이 즉위하였다. 그러나 나이 어린 고종을 대신해 아버지인 흥선대원군이 정치의 실권을 잡았고 개혁 정책을 펼쳐 나갔다.

1866년 미국의 무역선 제너럴셔먼호가 평안도 앞 바다에 나타나 부녀자를 해치고 군인들을 잡아갔다. 이에 평안도 관찰사 박규수는 백성들과 힘을 합쳐 제너럴셔먼호를 불태워 버렸다. 이어 흥선대원군이 천주교도 수천 명과 프랑스 신부 9명을 처형하자 프랑스 해군이 병인양요를 일으켰다.

▲제너럴셔먼호

1871~1873년 제너럴셔먼호 사건을 빌미로 미국이 강화도를 공격하며 신미양요를 일으켰다. 이 사건 이후 흥선대원군은 전국 각지에 척화비를 세우고, 외국에 대응할 만한 군사력을 키우기 위해 노력했다. 또 서원을 철폐하고, 평민만 내던 군포를 양반도 내게 하는 호포제를 실시하는 등의 강력한 개혁 정책을 펼쳤다. 그러나 개혁 정책으로 피해를 보게 된 양반들의 불만과 세금이 늘어난 백성들의 원성이 계속되자, 흥선대원군이 물러나고 고종의 **친정**이 시작되었다.

▲척화비

유명한 사람들

흥선대원군 (1820~1898)

조선 고종의 아버지. 이름은 이하응이다. 고종이 어린 나이로 왕위에 오르자, 대원군으로서 정치의 실권을 잡게 되었다. 왕권 강화 정책과 통상 거부 정책을 강화했다.

김대건 신부 (1822~1846)

우리나라 최초의 천주교 신부. 1836년 프랑스인 모방 신부가 우리나라에서 천주교를 전파하던 중 김대건을 만나 신부 후보자로 삼았다. 1844년 김대건은 다음 해 상하이 부근 금가항 성당에서 사제 서품을 받아 우리나라 최초의 신부가 되었다. 우리나라에 들어와 활발히 활동하던 김대건은 관헌에게 체포되어 서울 새남터에서 순교하였다.

AD 1873~1897년
조선을 흔드는 바람

고종은 흥선대원군이 실시하던 정책을 중지시키고, 새로운 개혁 정책을 내놓았다. 그리고 무력에 떠밀려 어쩔 수 없이 일본과 불평등한 조약을 맺으며 문호를 개방하게 된다. 이어 청나라, 독일, 러시아, 미국, 영국 등과도 조약을 맺게 되었으나 대부분 조선에 불리한 조약들이었다. 이렇게 일본을 비롯한 여러 나라에 나라의 문을 열게 되면서 고종과 민씨 정권은 개화 정책 쪽으로 고개를 돌리게 되었다. 그러나 임오군란을 대신 진압해 준 청나라의 간섭으로 민씨 정권의 개화 정책이 계속되지 못하자 급진 개화파들은 **갑신정변**을 일으켰다. 이후 동학농민운동과 갑오개혁, 청·일 전쟁 등 안팎으로 새로운 바람을 맞으며 조선의 정치·경제적인 상황은 더욱 어렵고 혼란스러워져만 갔다.

타임라인

1875년 일본이 운요호 사건을 일으켰다.
1876년 **강화도 조약**이 체결되었다.
1882년 임오군란이 일어났고, 미국과 통상 조약을 체결하였다.
1884년 우정국이 설치되었고, 갑신정변이 일어났다.
1885년 영국 함대가 불법으로 거문도를 점령하는 사건이 일어났다.
1889년 조병식이 함경도에 **방곡령**을 실시하였다.

A date to remember 기억할 연도
AD 1896년
〈독립신문〉 창간

1892~1893년 동학 교도들이 교조 신원을 요구하였고, 보은과 금구에서 대규모 집회를 열었다. 부산과 원산에서 방곡령을 실시하였다.

1894년 전봉준의 지휘 아래 동학농민운동이 일어났다. **갑오개혁**이 시작되었다. 노비 제도가 폐지되었고, 청·일 전쟁이 일어났다.

1895년 을미사변이 일어났고, **단발령**이 시행되었다.

1896년 서재필이 〈독립신문〉을 창간하였고, 독립협회를 설립하였다.

AD 1873~1897년
중요한 사건

1875 ~ 1876년 일본이 황제를 황상으로 부르라는 외교 문서를 보내오자 고종은 이를 거부한다. 이에 일본은 조선에 운요호라는 군함을 보내 위협했고, 조선은 무력에 떠밀려 최초의 불평등 조약인 강화도 조약을 맺게 되었다.

1882년 신식 군대가 만들어진 후 계속되는 차별에 불만을 갖던 구식 군대 군인들은 1년 만에 1개월 치의 급료를 쌀로 받은 데다 그 쌀에 돌과 겨가 잔뜩 들어 있는 것에 분노해 임오군란을 일으켰다.

1884년 청나라가 임오군란을 진압한 후 청나라의 영향력이 커지자 개화파들은 일본의 지원을 받아 갑신정변을 일으킨다. 그러나 청나라군의 개입으로 3일 만에 실패로 끝나고 만다.

1894년 전라도 고부에서 농민에 대한 가혹한 수탈이 계속되자 전봉준의 지휘 아래 동학농민운동이 일어난다. 우리나라 땅에서 청·일 전쟁이 일어나고 내정 간섭이 소홀해진 틈을 타 김홍집이 이끄는 내각은 근대화를 위한 갑오개혁을 밀어붙인다.

1895년 을미개혁이 이루어져 단발령과 태양력 사용이 공포되었다. 일본은 왕비 민씨가 러시아의 힘을 빌려 일본 세력을 몰아내려 하자 민씨를 시해하는 잔악한 범죄를 저지른다.(을미사변)

1896년 경복궁에 갇혀 있던 고종은 러시아 공사의 도움을 받아 경복궁을 탈출해 러시아 공사관으로 몸을 피했다.(아관파천) 서재필이 국가의 주권을 확립하고, 외세의 침략을 막으며, 완전한 자주독립국가를 수립한다는 목표로 독립협회를 조직하여 〈독립신문〉을 발간하고, 독립문과 독립관을 건립했다.

유명한 사람들

전봉준 (1855~1895)

동학농민운동의 지도자. 농민군을 총지휘하며 반봉건·반침략 운동을 이끌었다. 녹두장군으로 불렸으며 농민 항쟁을 일으켜 전주성을 점령하고 관리들의 비리와 폐정을 개혁해 나갔다. 농민군들은 결국 우금치 싸움에서 일본군에게 참패하고, 전봉준은 피신했으나 체포되어 처형되고 만다.

서재필 (1864~1951)

독립운동가·언론인. 갑신정변에 적극 참여했으나, 정변이 실패하자 일본으로 건너가 다음 해에 미국으로 망명했다. 미국에서 고등학교와 컬럼비아대학교 의학부를 졸업했으며, 1890년에 한국인 최초로 미국 국적을 취득했다. 갑오개혁을 실시하면서 역적 죄명이 벗겨지자 귀국해 〈독립신문〉을 창간했으며 독립협회를 통해 대한제국을 성립할 수 있는 여론을 조성했다.

AD 1897~1913년
대한제국과 을사조약

고종은 일본을 피해 러시아에게 기댔지만, 러시아도 조선의 내정에 간섭해 이익을 얻어 내기 바빴다. 러시아 공사관에 머물던 고종이 궁궐에 돌아갈 시기를 고민하는 사이 일본과 러시아는 비밀리에 협상을 벌여 두 나라가 공동으로 조선을 관리하기로 했다.

경운궁(덕수궁)으로 돌아온 고종은 누구의 힘도 빌리지 않는 강한 나라를 만들기 위해 노력했다. 고종은 조선이 자주독립국가임을 국내외에 알리고자 조선 국왕도 중국의 황제와 같은 지위에 있음을 선언하며, 황제 즉위를 하고, 대한제국을 선포하였다. 한편 러시아와 일본은 만주와 한반도를 차지하기 위해 러·일 전쟁을 벌였고, 일본이 전쟁에서 승리했다. 이에 일본과 러시아는 일본의 한반도 지배를 인정한다는 **포츠머스 조약**을 맺었다. 또한 일본은 강제로 을사조약을 체결하고 **통감부**를 설치함으로써 본격적으로 식민지 통치를 시작해 나갔다.

타임라인

1897년 고종이 대한제국을 선포했다.
1898년 독립협회가 종로에서 만민공동회를 개최하였다.
1904년 러·일 전쟁이 일어나자 일본이 '한일의정서'를 강제로 체결하게 하였다. 영국인 베델이 〈대한매일신보〉를 창간하였다.

1905년 을사조약을 강제로 체결하였고, 러시아와 일본이 포츠머스 조약을 체결하였다.

1906년 **최익현**과 **신돌석** 등이 이끈 의병 부대가 일본에 맞서 봉기하였다.

1907년 고종이 네덜란드 헤이그에 특사를 파견하였다. 고종이 강제로 퇴위되고, 순종이 즉위하였다.

1909년 **나철**이 대종교를 창시하였다. 안중근이 하얼빈에서 **이토 히로부미**를 사살하였다. 청·일본이 **간도 협약**을 체결하였다.

1910년 일본이 강제로 국권을 빼앗고, 일본이 조선총독부를 설치하였다.

1911년 **105인 사건**으로 신민회 회원들이 구속되었다.

1912년 일본에 의해 **토지조사사업**이 시작되었다.

A date to remember 기억할 연도
AD 1905년 을사조약이 체결되다

AD 1897~1913년
중요한 사건

▲고종

1897년 고종이 경운궁(덕수궁)으로 돌아왔다. 고종은 자주독립국가를 만들기 위해 대한제국을 선포하고 원구단에서 황제 즉위식을 치렀다.

1898년 대한제국이 성립된 후에도 러시아는 이권 침탈을 멈추지 않고 대한제국을 압박했다. 이에 독립협회가 러시아를 쫓아내자는 '만민공동회'를 열자 고종이 그 의견을 받아들여 러시아 세력의 철수를 요구하게 된다.

1904년 러·일 전쟁이 일어나자 대한제국은 중립을 선언했지만, 일본의 강제에 의해 일본이 우리나라에 마음대로 군대를 파견할 수 있다는 '한일의정서'를 체결하게 되었다.

1905~1906년 일본은 포츠머스 조약으로 러시아에게 우리나라에 대한 지배권을 인정받자 많은 일본 군인과 경찰을 이끌고, 궁궐에 들어와 대한제국의 외교권을 일본에게 넘긴다는 내용의 을사조약을 체결하도록 강요했다. 이에 분노한 최익현, 신돌석과 같은 사람들이 의병을 일으켜 일제에 대항했다.

1907년 고종이 네덜란드 헤이그에 특사를 파견한 것을 빌미로 고종이 일본에 의해 강제로 퇴위되고, 순종이 즉위하게 되었다.

1909년 일본군에 의해 의병장 100여 명, 의병 4천여 명이 붙들리거나 학살당했다. 안중근 의사가 하얼빈에서 이토 히로부미를 사살하고, 그 자리에서 체포되었다.

▲안중근 의사

1910년 일본은 대한제국의 모든 통치권을 일본에 넘긴다는 한일병합조약을 강제로 체결하게 하여, 우리나라의 국권을 완전히 빼앗았다. 조선총독부가 설치되었고, 기나긴 일제강점기가 시작되었다.

유명한 사람들

최익현 (1833~1906)

1876년 강화도 조약이 체결되자 '왜놈과 서양 오랑캐는 하나'라고 주장하며 조약 체결을 반대하다가 흑산도로 유배되었다. 을미사변이 일어나고 단발령이 내려지자 이에 반대하여 의병 항쟁을 준비하다가 체포되어 쓰시마 섬에 유배되었고, 거기서 끝까지 일본이 주는 식사를 거부해 죽었다.

신돌석 (1878~1908)

대한제국기의 의병장. 특히 신돌석 부대는 유격전을 교묘하게 구사해 일본군에게 큰 타격을 입혔다. 평민 의병장을 대표하는 인물로 '태백산의 호랑이'라는 별명이 붙을 정도로 항일 의병의 전설적인 영웅이었다.

AD 1913~1931년
독립을 향한 열망

　조선 총독에 취임한 **데라우치**는 공포정치를 펼쳤다. 헌병 경찰은 국민들의 생활 구석구석까지 감시했고, 학교에서도 선생들이 군복을 입고 칼을 차게 했다. 힘겨운 상황에서도 우리 국민들은 '대한 광복회'나 '조선 국민회' 같은 비밀 조직을 만들었고, 만주와 연해주로 독립군에 지원해 모여들었다.

　1919년 고종이 끝내 죽음을 맞이한다. 일본 관리들이 병으로 죽었다고 발표했으나, 독살설이 퍼졌다. 이러한 정치적 상황과 맞물려 미국의 윌슨 대통령의 '식민지 민족의 운명은 그들 스스로 결정해야 한다'는 민족자결주의에 영향을 받은 일본 유학생들은 1919년 2월 8일 도쿄에서 독립선언서를 발표했다. 그리고 3월 1일 아침 우리나라에서도 독립선언서가 전국에 뿌려지며, 거국적인 만세 운동이 벌어졌다.

타임라인

1913년 **안창호**가 **흥사단**을 만들었다.
1915년 제1차 세계대전이 시작되었다.
1918년 제1차 세계대전이 끝났다. 그해 미국 대통령 윌슨이

평화 원칙 14개조를 발표하였다.

1919년 도쿄의 한국 유학생들이 2·8 독립 선언문을 발표하였다.

3·1 운동이 일어났다. 중국 상하이에서 대한민국 임시정부가 수립되었다.

1920년 김좌진이 청산리 대첩에서 일본군을 대파하였다.

1923년 의열단원 김상옥이 종로 경찰서에 폭탄을 던졌고, 조선물산장려회가 물산장려운동을 시작했다.

1925년 일제가 **치안 유지법**을 공포하였다.

1926년 6·10 만세 운동이 일어났다.

1927년 신간회가 조직되었다.

1929년 원산 총파업이 벌어졌다. 광주학생항일운동이 벌어졌다.

A date to remember 기억할 연도
AD 1919년
3·1 운동

AD 1913~1931년
중요한 사건

1913년 안창호가 미국 샌프란시스코에 민족운동 단체인 흥사단을 설립하였다.

1919년 상하이에서 활동하던 독립운동 단체인 신한청년당에서 파리 강화회의에 김규식을 보냈다. 윌슨의 민족자결주의에 영향을 받아 도쿄의 한국 유학생들이 2·8 독립 선언문을 발표하였다. 이 소식을 듣고 우리나라에서도 대규모의 조직적인 3·1 운동이 일어났다.

1920년 〈조선일보〉, 〈동아일보〉, 〈개벽〉이 창간되었다. 독립군이 **봉오동 전투**에서 승리하고, 김좌진이 이끈 청산리 대첩에서 일본군을 대파하였다. 박은식이 《한국독립운동지혈사》를 펴냈다.

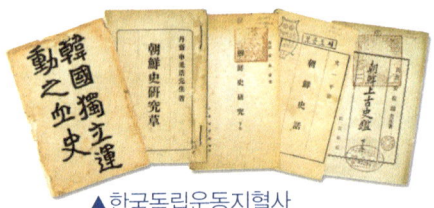
▲ 한국독립운동지혈사

1923년 의열단원 김상옥이 당시 독립운동가들에게 가혹한 고문을 하기로 악명이 높았던 종로경찰서에 폭탄을 던졌다. 또한 조선물산장려회가 우리 물건을 사용하자는 물산장려운동을 시작했다.

1926년 순종의 장례 행렬이 종로의 단

성사 앞을 지날 때 학생 수백 명이 대한 독립 만세를 부르짖자 시민들도 따라 만세를 외쳤다. 이것이 6·10 만세 운동이다.

1927~1929년 6·10 만세 운동을 계기로 신간회가 만들어졌다. 신간회는 사회주의자와 민족주의자가 힘을 합쳐 만든 독립 단체였다. 원산에서는 일본인 자본가에 맞서 원산 총파업이 벌어졌고, 광주에서는 학생들이 시위와 동맹휴학으로 일제에 맞서는 광주학생항일운동이 벌어졌다.

유명한 사람들

안창호 (1878~1938)

독립운동가·교육자. 일제강점기에 독립협회, 신민회, 흥사단, 대한민국 임시정부 같은 주요 민족주의 진영의 대표적인 인물이다. 미국과 중국, 한국을 넘나들며 활발한 독립운동을 벌였다.

김좌진 (1889~1930)

독립운동가. 청산리 대첩을 승리로 이끈 독립군의 대표적 인물이다. 애국계몽 운동과 독립군 양성에 주력했다. 1920년 일본군이 독립군 토벌에 나서자 청산리 부근에서 일본군 1,200명을 사살하는 큰 전쟁 성과를 올렸다.

AD 1931~1945년
 되찾은 나라

일본은 만주뿐 아니라 중국까지 침략해 중·일 전쟁을 일으켰다. 한반도는 일본에 전쟁 물자를 대 주는 기지로 전락했고, 일본은 이 땅의 모든 것을 수탈해 갔다. 윤봉길 의사의 의거와 일제에 맞선 무장투쟁들이 이어졌다. 일본이 진주만을 공격해 태평양 전쟁이 시작되자, 일본은 **국가총동원법**을 만들어 한국 사람들을 전쟁터에 끌고 갔으며, 전쟁에 필요한 물자를 마구 빼앗아 갔다. 한국 광복군 대원들은 자주독립을 얻기 위해 일제와의 전쟁을 준비했다. 일본은 전쟁에 지지 않기 위해 마지막까지 발악했으나, 일본의 히로시마와 나가사키에 원자폭탄이 떨어짐으로 무조건 항복을 선언하게 된다. 이로써 길고 긴 식민의 치욕이 끝나고, 우리나라를 되찾게 되었다.

타임라인

▲손기정

1932년 이봉창 의사가 일본 도쿄에서 일본 국왕에게 폭탄을 던졌다. 윤봉길 의사는 중국 상하이에서 상하이 점령 전승 기념 행사에 폭탄을 투척하였다.
1936년 손기정이 베를린 올림픽 마라톤에서 우승하였다.
1937년 동북 항일 연군이 **보천보 전투**에서 일본과 싸워 승리했고, '**황국 신민 서사**'가 제정되었다.

1938년 '국가총동원법'이 선포되었다.
1939년 제2차 세계대전에 일본이 끼어들어 전쟁은 전 세계로 확대되었다.
1940년 대한민국 임시정부가 한국 광복군을 창설하였다.
1941년 조선 의용대가 호가장 전투에서 싸웠다.
1943~1944년 '여자 정신대 근무령'이 실시되었고, 여운형이 '조선 건국 동맹'을 결성하였다.
1945년 일본의 무조건 항복으로 제2차 세계대전이 끝났다. 8월 15일에 우리나라를 되찾게 되었다.

A date to remember 기억할 연도

AD 1945년
8·15 광복

AD 1931~1945년
중요한 사건

▲윤봉길

1931년 〈동아일보〉가 **브나로드 운동**을 시작하였다.

1932년 한인 애국단원 이봉창이 일본 도쿄에서 일본 국왕에게 폭탄을 던졌다. 며칠 후엔 윤봉길 의사가 일본 국왕의 생일과 일본군의 상하이 사변 승전을 축하하는 기념식 단상에 도시락 폭탄을 던져 많은 일본군 장교와 고관들을 죽거나 다치게 했다.

1938년 일제는 전쟁에 필요하면 무엇이든지 강제로 동원할 수 있도록 한 '국가 총동원법'을 선포하였다. 또 제3차 교육령을 통해 학교에서의 우리말 사용을 금지하였으며, 모든 수업을 일본어로 진행하게 하였다.

1940년 대한민국 임시정부가 한국 광복군을 창설하였다. 일제는 한국 사람들의 이름마저 일본식으로 바꾸도록 강요하는 창씨개명을 실시하였다.

1941년 조선 의용대 30여 명이 중국 호가장이라는 마을에서 용감히 싸워 일본군의 절반 이상을 죽이고 포위망을 뚫었다. 일본이 미국의 진주만을 공격해 태평양 전쟁이 시작되었다.

1943~1944년 일본은 학도 지원병 제도를 만들어 어린 학생들까지 전쟁

터로 끌고 갔고, '여자 정신대 근무령'을 실시해 우리나라의 젊은 여자들을 전쟁터로 끌고 갔다. 여운형이 '조선 건국 동맹'을 결성하였다.

1945년 미국이 일본의 히로시마와 나가사키에 원자 폭탄을 투하해, 8월 15일 일본의 무조건 항복 선언을 이끌어냈다. 이로써 8월 15일, 우리나라는 드디어 광복을 맞게 되었다.

▲ 나가사키 원자폭탄 투하

유명한 사람들

이봉창 의사 (1900~1932)

독립운동가. 1931년 상하이로 건너가 김구를 만나 의거를 모의했다. 한인 애국단에 가입한 뒤, 일본 국왕을 죽일 것을 서약하고 김구에게서 수류탄 두 개를 받아 도쿄로 가서, 1932년 일본 국왕에게 폭탄을 던졌다.

여운형 (1886~1947)

독립운동가 · 정치가. 1918년 상하이에서 신한청년당을 조직했고, 다음 해에 대한민국 임시정부에 참여해 임시의정원 의원을 지냈다. 1944년 일본의 패망을 예상하고 '조선 건국 동맹'을 결성해 독립을 준비했다. 광복 후 신탁 통치안에 대한 찬반 논란이 일어나자 공산당과 제휴했으며, 좌익 세력의 연합체인 민주주의 민족전선에도 참여했다.

전쟁과 분단

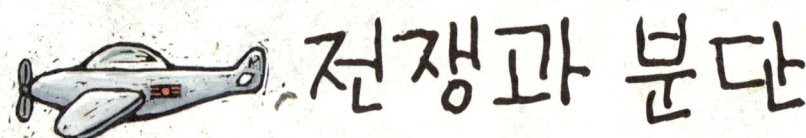

AD 1945~1960년

광복의 기쁨과 새 나라 건설에 대한 희망도 오래가지 못했다. 연합국들이 한반도의 **신탁 통치**를 결정했기 때문이었다. 나라를 반으로 나누어, 38도선 이북에는 소련군이, 38도선 이남에는 미군이 들어오자 사람들은 필사적으로 신탁 반대 운동을 펼쳤다. 이미 여운형이 조선 건국준비위원회를 조직해 광복된 나라를 준비해 왔고, 대한민국 임시정부도 우리나라를 대표하는 정부였으나, 미군은 그 어느 것도 인정하지 않고 미군정만이 남한을 다스리는 유일한 정부임을 표명했다.

유엔은 우리나라에 인구수에 따라 국회의원을 뽑는 총선거를 치르기로 결정했으나 소련의 거부로 북한에는 유엔 한국임시위원단이 들어가지 못했다. 결국 남한만 총선거를 치러 대한민국 정부를 수립했고, 북한에도 단독 정부가 세워졌다. 김구와 김규식은 나라가 갈라지는 것을 막기 위해 노력했지만 소용이 없었다. 결국 한반도는 이렇게 두 개의 나라로 갈라지고 말았다.

타임라인

1945년 소련군과 미군이 한반도를 나누어 점령하기 시작했고, 신탁 통치 반대 운동이 벌어졌다.

1946년 북한이 토지 개혁을 실시하였고, 미·소 공동위원회가 열렸다.

1947년 유엔 한국임시위원단이 구성되었다.

1948년 제주도에 4·3 사건이 일어났다. 남한에서만 5·10 총선거가 실시되어 대한민국 정부가 수립되었고, 북한에서는 조선 민주주의 인민공화국이 수립되었다. 1949년에 김구가 암살당했다.

1950년 북한군의 남침으로 6·25 전쟁이 시작되었다.

1953년 이승만 대통령이 반공포로를 석방했고, 미국은 **휴전협정**을 맺었다.

1956년 제3대 대한민국 대통령으로 이승만이 취임하였다.

1960년 **3·15 부정 선거**로 **4·19 혁명**이 일어났다.

A date to remember 기억할 연도
AD 1950년
6·25 전쟁

AD 1945~1960년
중요한 사건

1945년 연합국의 신탁 통치가 결정됨에 따라, 38도선 이북에는 소련군이, 38도선 이남에는 미군이 들어와 통치하기 시작했다.

1947년 우리나라를 두고 미·소 공동 위원회에서 합의점을 찾지 못하게 되자 유엔은 인구수에 따라 국회의원을 뽑는 총선거를 치르기로 결정하지만 북한과 소련이 이를 거부했다.

1948년 제주도 주민들이 남한에서만 총선거가 치러지는 것을 반대하며 봉기하자 미군정이 무력으로 진압하는 비극이 일어난다.(4·3 사건) 김구와 김규식이 통일 정부를 만들기 위해 남북협상을 추진하였으나, 결국 남한에서만 5·10 총선거가 실시되었다. 남한에는 대한민국 정부가 수립되어 이승만이 초대 대통령이 되었고, 북한에서는 조선 민주주의 인민공화국이 수립되어 두 개의 정부가 들어섰다.

1950년 북한군의 남침으로 시작된 6·25 전쟁으로 국군은 낙동강까지 밀리게 된다. 그러나 국군과 유엔군이 총반격을 펼쳐 서울을 수복하고, 압록강까지 북진했다.

1951년 중국군이 참전해 승리를 거두게 됨에 따라, 국군과 유엔군은 아래로 밀려 38도선 이남까지 후퇴하게 되었다.(1·4 후퇴)

1953년 이승만 대통령은 휴전협정을 방해할 목적으로 반공포로들을 대규모로 석방했다. 그러나 760차례의 회담 끝에 맺어진 휴전협정에 따라 한반도를 가로지르는 휴전선이 생겨났고, 결국 한반도는 분단되고 말았다.

1960년 3·15 부정 선거를 통해 이승만이 제3대 대통령으로 당선되자 분노한 국민들은 이승만의 퇴진을 외치며 4·19 혁명을 일으켰다. 결국 부패한 독재 정권은 시민의 힘에 의해 무너진다. 다시 선거가 치러져 대통령에 윤보선, 국무총리에 장면이 뽑혔다.

유명한 사람들

김구 (1876~1949)

독립운동가·정치가. 대한민국 임시정부의 주석을 지냈으며, 광복 후에는 단독 정부 수립을 반대하여 통일 민족국가 건설에 앞장섰다. 신탁 통치 반대 운동을 주도했으며, 임시정부를 중심으로 독립국가를 건설하자고 주장하여 미군정과 대립했다. 남한 단독 정부 수립을 반대하고, 통일 운동을 전개하다 암살당했다.

AD 1960~1988년
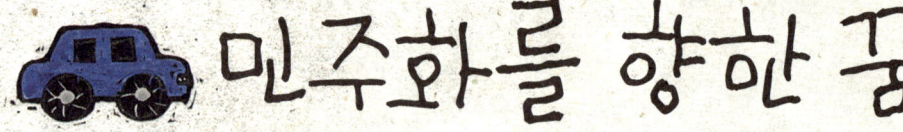 민주화를 향한 꿈

　5·16 군사 **쿠데타**로 정권을 잡은 박정희 대통령은 **유신헌법**을 발표하고 독재 권력을 휘둘렀다. 경제는 날로 성장해 사람들은 더 이상 굶지 않아도 되었지만, 민주 정치의 발전은 더디기만 했다.

　1979년에 박정희 대통령이 사망하고, 국민들의 민주화 열망이 높아지던 때, 그 뒤를 이어 육군 소장 전두환이 총과 탱크를 동원해 정권을 잡아 다시 군부 정치가 시작된다.

　1980년 5월 18일 전국으로 **계엄**령을 실시하여 모든 정치 활동과 시위를 금지하자, 곳곳에서 반대 시위가 열렸다. 신군부는 광주에서 일어난 5·18 민주화 운동을 무자비하게 진압하고 많은 사람들을 학살했다. 결국 1987년 들불처럼 일어난 6월 민주 항쟁으로 국민의 요구에 의해 대통령 직선제를 실시가 포함된 새로운 헌법이 만들어졌다.

타임라인

1961년 5·16 군사 쿠데타가 일어났다.
1963년 제5대 박정희 대통령이 취임하였다.
1965~1966년 한·일 협정을 맺었다. 한국군을 베트남 전쟁에 파병하였다.
1968~1970년 향토 예비군이 창설되었다. 국민교육헌장이 선포되었다.
새마을 운동이 시작되었다. 경부 고속도로가 개통되었다.

1972년 7·4 남북공동성명이 발표되었다. 제7차 개헌, 유신헌법이 발표되었다.

1975~1977년 긴급조치 9호를 발표하였다.

1979년 민주화 시위가 벌어졌다. 박정희 대통령이 사망하였다.

1980년 5·18 민주화 운동이 일어났다.

1981년 제12대 전두환 대통령이 취임했다.

1985년 남한과 북한의 이산가족 상봉이 이루어졌다.

1987년 6월 민주 항쟁이 일어났다.

A date to remember 기억할 연도
AD 1980년
5·18 민주화 운동

AD 1960~1988년
중요한 사건

1961년 육군 소장 박정희가 이끄는 군인들이 탱크를 이끌고 서울로 쳐들어와 정권을 빼앗았다.(5·16 군사 쿠데타)

1963~1966년 박정희는 헌법을 대통령 중심제로 바꾼 다음, 1963년에 제5대 대통령으로 취임하였다. 박정희 대통령은 경제 안정에 필요한 자금을 빌리기 위해 위안부 피해자 문제, 강제 징용자 문제는 소홀히 한 채 서둘러 한·일 협정을 맺었다. 그리고 베트남 전쟁에 한국군을 파병하였다.

1968~1970년 새마을 운동이 시작되고, 경제 발전을 위한 노력이 한창이었지만 노동자들의 삶은 비참했다. 평화시장 노동자 전태일이 노동자의 비참한 삶을 알리기 위해 근로기준법 준수를 외치며 분신하였다.

▲전태일 동상

1972년 7차 개헌으로 유신헌법이 발표되자 장준하를 비롯한 진보적 지식인들은 '개헌 청원 100만인 서명 운동'을 벌여 유신 체제를 비판하는 국민의 지지를 받아냈다.

1979년 부산과 마산에서 유신 철폐를 부르짖는 대규모 민주화 시위가 벌어졌다. 10월 26일 부하 김재규가 쏜 총에 박정희 대통령이 사망했고, 전두환과 신군부 세력이 무력으로 반란을 일으켜 권력을 장악했다.

1980년 계엄령이 선포되자, 광주에서 전두환 퇴진과 계엄 해제를 요구하는 5·18 민주화 운동이 일어났다. 민주화를 외치던 광주 시민들은 폭도로 몰려, 진압하기 위해 보내진 군인들의 총에 맞아 죽어갔다.

1981년 제12대 전두환 대통령이 취임했다. 전두환은 사회 전체를 공포 분위기로 몰고 갔다. 반대하는 사람들은 옥에 가두거나 죽였고, 삼청 교육대를 만들어 수백 명의 사람을 폭력과 고문으로 죽게 하였다.

1987년 전두환 정권에 대한 국민들의 분노로 6월 민주 항쟁이 일어났다. 결국 6·29 선언을 통해 대통령 직선제가 이루어졌지만, 야당의 분열로 신군부의 일파였던 노태우가 당선되었다.

유명한 사람들

박정희 (1917~1979)

5·16 군사 쿠데타를 일으켰으며, 군사 정부를 주도했고, 그 뒤 제5~9대 대통령을 지냈다. 1971년 삼선 개헌을 통해 대통령을 연임했으며, 경제개발 5개년 계획을 추진해 경제성장을 꾀했다. 1972년에 전국에 계엄령을 선포하고 대통령의 권한을 강화하는 유신헌법을 제정해 독재를 굳혔다.

AD 1988~2009년

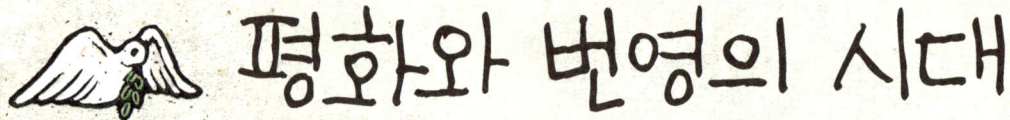 평화와 번영의 시대

    1988년 서울에서 올림픽이 열렸고, 우리나라의 경제성장은 계속되었다. 정치도 비교적 안정되었고, 1989년 치러진 국회의원 선거에서는 처음으로 야당이 여당을 앞지르기도 했다.

    6월 민주 항쟁이 일어난 후 다양한 시민운동 단체들이 생겨나 시민들이 정치에 참여하게 되었다. 1995년에 **지방자치제**가 이루어져 민주주의를 한층 발전시켰다. 5·18 민주화 운동과 관련해 전두환, 노태우가 구속되기도 했다.

    반공을 부르짖던 냉전 이데올로기 대신 평화와 화해를 중시하는 움직임이 계속되었다. 남북한이 **유엔**에 동시 가입을 했으며, 남북 대화의 창구도 조금씩 열렸다. 2000년부터는 **남북정상회담**이 열리기도 했다. 화해와 통일을 향한 희망찬 걸음이 계속되고 있는 것이다.

타임라인

1988~1992년 제13대 노태우 대통령이 취임했고, 제24회 서울올림픽경기대회가 열렸다. 소련과 국교를 맺었다. 남북한이 유엔에 동시에 가입했다. 중국과 수교를 맺었다.

1993년 제14대 김영삼 대통령이 취임하였다.

1995년 지방자치제가 실시되었고, 전두환, 노태우가 구속되었다.

1997년 외환 위기를 맞게 되었다.
1998년 제15대 김대중 대통령이 취임하였다.
2000년 남북정상회담이 이루어졌다.
2002년 한·일 월드컵 대회가 개최되었다.
2003년 제16대 노무현 대통령이 취임하였다.
2008년 제17대 이명박 대통령이 취임하였다. 촛불 시위가 일어났다.
2009년 김대중 대통령과 노무현 대통령이 타계하였다.

A date to remember 기억할 연도
AD 2002년
한·일 월드컵

AD 1988~2009년
중요한 사건

1988년 **대통령 직선제**에 의해 제13대 노태우 대통령이 취임했다. 제24회 서울올림픽경기대회가 열려 우리나라의 위상을 전 세계에 알렸다.

1993~1995년 제14대 김영삼 대통령이 취임하였다. 북한의 김일성이 사망하였다. 지방자치단체장과 의회 의원을 선출하면서 본격적으로 지방자치제가 실시되었다. 또 광복 50주년을 맞아 민족 정기를 회복하기 위해 중앙청과 국립 중앙 박물관으로 사용하던 **조선총독부** 건물이 철거되었다. 5·18 민주화 운동과 관련한 재판이 이루어져 전두환, 노태우가 구속되었다. 경제적으로는 수출이 1,000억 달러를 돌파했고, **OECD**에 가입했다.

1997년 우리나라는 외환 위기를 맞게 되어 **IMF**에 구제 금융을 요청했으며, 구제 금융 도입을 위한 합의문에 서명했다. 2001년 모든 구제 금융을 상환하고 IMF 상태에서 벗어나게 되었다.

1998~2000년 김대중 대통령이 취임하였다. 김대중 대통령은 '남북한 문제는 남북 당국이 직접 대화를 통해 해결한다'는 원칙에 입각해 남북정상회담이 6월 13일부터 15일까지 평양에서 개최되었으며, 그 결과 6·15 남북공동선언이 채택되었다.

2002년 우리나라와 일본은 한·일 월드컵 대회를 함께 개최했다. 우리나라 국가 대표 축구팀은 4강에 오르는 기적을 만들어 냈다.

2003~2004년 제16대 노무현 대통령이 취임하여 민생 안정과 지역 구도 타파, 분배 정책에 주력했다. 한편 북한이 새로운 핵무기를 개발한다는 의혹과 관련해 우리나라, 북한, 미국, 러시아, 중국, 일본이 6자 회담을 벌였다.

2008년 제17대 이명박 대통령이 취임하였다. 한미 FTA 협상 중 미국산 쇠고기 협상 내용에 반대 의사를 표현하기 위하여 시작된 시민들의 촛불 시위는 100일 이상 계속되었으며, 교육 문제·대운하·공기업 민영화 반대 및 정권 퇴진 등 쟁점이 점차 확대되었다.

유명한 사람들

김대중 (1925~2009)

제15대 대통령. 오랫동안 야당 지도자 생활을 했으며, 유신 체제 반대 운동을 벌이다 납치되어 정치 활동을 금지당하고, 사형 언도를 받기도 했다. 1997년에 제15대 대통령으로 당선되었고, 2000년 평양을 방문해 남북 정상회담을 하고, 6·15 남북 공동선언을 발표했다. 그리고 2000년에는 노벨 평화상을 받았다.

한국의 역대 왕과 통치자

(재위 기간)

고구려 왕조

1대 동명성왕 (BC 37~19)
2대 유리왕 (BC 19~AD 18)
3대 대무신왕 (18~44)
4대 민중왕 (44~48)
5대 모본왕 (48~53)
6대 태조왕 (53~146)
7대 차대왕 (146~165)
8대 신대왕 (165~179)
9대 고국천왕 (179~197)
10대 산상왕 (197~227)
11대 동천왕 (227~248)
12대 중천왕 (248~270)
13대 서천왕 (270~292)
14대 봉상왕 (292~300)
15대 미천왕 (300~331)
16대 고국원왕 (331~371)
17대 소수림왕 (371~384)
18대 고국양왕 (384~391)
19대 광개토대왕 (391~412)
20대 장수왕 (412~491)
21대 문자명왕 (491~519)
22대 안장왕 (519~531)
23대 안원왕 (531~545)
24대 양원왕 (545~559)
25대 평원왕 (559~590)
26대 영양왕 (590~618)
27대 영류왕 (618~642)
28대 보장왕 (642~668)

백제 왕조

1대 온조왕 (BC 18~AD 28)
2대 다루왕 (28~77)
3대 기루왕 (77~128)
4대 개루왕 (128~166)
5대 초고왕 (166~214)
6대 구수왕 (214~234)
7대 사반왕 (234~234)
8대 고이왕 (234~286)
9대 책계왕 (286~298)
10대 분서왕 (298~304)
11대 비류왕 (304~344)

12대 계왕 (344~346)
13대 근초고왕 (346~375)
14대 근구수왕 (375~384)
15대 침류왕 (384~385)
16대 진사왕 (385~392)
17대 아신왕 (392~405)
18대 전지왕 (405~420)
19대 구이신왕 (420~427)
20대 비유왕 (427~455)
21대 개로왕 (455~475)
22대 문주왕 (475~477)
23대 삼근왕 (477~479)
24대 동성왕 (479~501)
25대 무령왕 (501~523)
26대 성왕 (523~554)
27대 위덕왕 (554~598)
28대 혜왕 (598~599)
29대 법왕 (599~600)
30대 무왕 (600~641)
31대 의자왕 (641~660)

신라 왕조

1대 혁거세 거서간 (BC 57~AD 4)
2대 남해 차차웅 (4~24)
3대 유리 이사금 (24~57)
4대 탈해 이사금 (57~80)
5대 파사 이사금 (80~112)
6대 지마 이사금 (112~134)
7대 일성 이사금 (134~154)
8대 아달라 이사금 (154~184)
9대 벌휴 이사금 (184~196)
10대 나해 이사금 (196~230)
11대 조분 이사금 (230~247)
12대 첨해 이사금 (247~261)
13대 미추 이사금 (262~284)
14대 유례 이사금 (284~298)
15대 기림 이사금 (298~310)
16대 흘해 이사금 (310~356)
17대 내물 마립간 (356~402)
18대 실성 마립간 (402~417)
19대 눌지 마립간 (417~458)
20대 자비 마립간 (458~479)
21대 소지 마립간 (479~500)
22대 지증왕 (500~514)
23대 법흥왕 (514~540)
24대 진흥왕 (540~576)
25대 진지왕 (576~579)

26대 진평왕 (579~632)
27대 선덕 여왕 (632~647)
28대 진덕 여왕 (647~654)
29대 무열왕 (654~661)
30대 문무왕 (661~681)
31대 신문왕 (681~692)
32대 효소왕 (692~702)
33대 성덕왕 (702~737)
34대 효성왕 (737~742)
35대 경덕왕 (742~765)
36대 혜공왕 (765~780)
37대 선덕왕 (780~785)
38대 원성왕 (785~798)
39대 소성왕 (798~800)
40대 애장왕 (800~809)
41대 헌덕왕 (809~826)
42대 흥덕왕 (826~836)
43대 희강왕 (836~838)
44대 민애왕 (838~839)
45대 신무왕 (839~839)
46대 문성왕 (839~857)
47대 헌안왕 (857~861)
48대 경문왕 (861~875)
49대 헌강왕 (875~886)
50대 정강왕 (886~887)
51대 진성 여왕 (887~897)
52대 효공왕 (897~912)
53대 신덕왕 (912~917)
54대 경명왕 (917~924)
55대 경애왕 (924~927)
56대 경순왕 (927~935)

발해 왕조

1대 고왕(698~719)
2대 무왕(719~737)
3대 문왕(737~793)
4대 폐왕 원의(793~793)
5대 성왕(793~794)
6대 강왕(794~809)
7대 정왕(809~812)
8대 희왕(812~817)
9대 간왕(817~818)
10대 선왕(818~830)
11대 이진(830~857)
12대 건황(857~871)
13대 현석(871~894)
14대 위해(894~906)

고려 왕조

1대 태조 (918~943)
2대 혜종 (943~945)
3대 정종 (946~949)
4대 광종 (949~975)
5대 경종 (975~981)
6대 성종 (981~997)
7대 목종 (997~1009)
8대 현종 (1009~1031)
9대 덕종 (1031~1034)
10대 정종 (1034~1046)
11대 문종 (1046~1083)
12대 순종 (1083~1083)
13대 선종 (1083~1094)
14대 헌종 (1094~1095)
15대 숙종 (1095~1105)
16대 예종 (1105~1122)
17대 인종 (1122~1146)
18대 의종 (1146~1170)
19대 명종 (1170~1197)
20대 신종 (1197~1204)
21대 희종 (1204~1211)
22대 강종 (1211~1213)
23대 고종 (1213~1259)
24대 원종 (1259~1274)
25대 충렬왕 (1274~1308)
26대 충선왕 (1308~1313)
27대 충숙왕 (1313~1330, 복위 1332~1339)
28대 충혜왕 (1310~1332, 복위 1339~1344)
29대 충목왕 (1344~1348)
30대 충정왕 (1348~1351)
31대 공민왕 (1351~1374)
32대 우왕 (1374~1388)
33대 창왕 (1388~1389)
34대 공양왕 (1389~1392)

조선 왕조

1대 태조 (1392~1398)
2대 정종 (1398~1400)
3대 태종 (1400~1418)
4대 세종 (1418~1450)
5대 문종 (1450~1452)
6대 단종 (1452~1455)
7대 세조 (1455~1468)

8대 예종 (1468~1469)
9대 성종 (1469~1494)
10대 연산군 (1494~1506)
11대 중종 (1506~1544)
12대 인종 (1544~1545)
13대 명종 (1545~1567)
14대 선조 (1567~1608)
15대 광해군 (1608~1623)
16대 인조 (1623~1649)
17대 효종 (1649~1659)
18대 현종 (1659~1674)
19대 숙종 (1674~1720)
20대 경종 (1720~1724)
21대 영조 (1724~1776)
22대 정조 (1776~1800)
23대 순조 (1800~1834)
24대 헌종 (1834~1849)
25대 철종 (1849~1863)
26대 고종 (1863~1907)
27대 순종 (1907~1910)

역대 대통령

1대 이승만 대통령 (1948~)
2대 이승만 대통령
3대 이승만 대통령 (~1960)
4대 윤보선 대통령 (1960~1962)
5대 박정희 대통령 (1963~)
6대 박정희 대통령
7대 박정희 대통령
8대 박정희 대통령
9대 박정희 대통령 (~1979)
10대 최규하 대통령 (1979~1980)
11대 전두환 대통령 (1980~)
12대 전두환 대통령 (~1988)
13대 노태우 대통령 (1988~1993)
14대 김영삼 대통령 (1993~1998)
15대 김대중 대통령 (1998~2003)
16대 노무현 대통령 (2003~2008)
17대 이명박 대통령 (2008~)

어휘 사전

간도 협약 1909년에 청나라와 일본이 간도의 영유권 등에 관하여 맺은 조약.

간빙기 빙하기에 얼었던 얼음(빙하)이 녹는 시기.

간석기 돌의 전면 또는 필요한 부분을 갈아 만든 석기로, 신석기 시대와 청동기 시대에 사용됨.

갑골 문자 거북이 등짝이나 쇠뼈에 새긴 그림 문자.

갑신정변 1884년 개화당이 무력으로 정권을 장악해 급진 개혁을 이루려 한 사건. 청의 개입으로 사흘 만에 실패했다. 갑신정변은 일본의 힘을 빌려 개혁했다는 한계가 있었으며, 청의 내정간섭을 더욱 강화하는 계기가 됨.

갑오개혁 갑오경장이라고도 부른다. 문벌과 신분 폐지, 과거제 폐지, 노비 폐지, 과부 재가 허용, 고문과 연좌제 해지 등 조선의 여러 제도를 근대적으로 바꾸는 사회 개혁으로서의 의미가 있지만, 일본의 무력에 의존해 추진했다는 한계가 있음.

강동 6주 고려 시대에 지금의 평안북도에 설치한 6개의 행정 구역. 홍화진(지금의 의주), 용주(지금의 용천), 통주(지금의 선천), 철주(지금의 철산), 귀주(지금의 구성), 곽주(지금의 곽산)를 말함.

강화도 조약 1876년 조선과 일본이 강화도에서 맺은 근대 조약. 조선에 대단히 불평등한 조약이었음.

거중기 1792년 정약용이 《기기도설》이라는 책을 참고해서 자신이 지은 《기중도설》에 근거하여 제작한 것으로, 도르래의 원리를 이용해 무거운 것을 들어 올리는 기계를 말함.

건원중보 고려 시대의 화폐로 우리나라 최초의 화폐.

계엄 전쟁이나 비상사태에 병력으로 일정 지역을 경계하고 계엄사령관이 행정과 사법권까지 관할하는 것.

계유정난 수양대군이 단종 1년(1453년)에 왕위를 빼앗기 위하여 일으킨 사건. 이 정변이 계유년에 일어났으므로 이를 계유정난이라 함.

고려사 조선 시대에, 세종의 명으로 정인지, 김종서 등이 편찬한, 고려 왕조에 관한 기전체(역사 인물의 개인 전기) 역사책. 문종 원년(1451년)에 완성됨.

공노비 왕실 및 중앙과 지방의 관청에 소속된 노비.

공복 관리들이 나라의 일을 보러 조정에 나아갈 때 입는 옷.

관등 나라의 일을 맡은 관리의 등급.

관자 중국 춘추 시대의 제나라 재상 관중이 지은 책. 원본은 86편이었다고 하나 원나라 이후 오늘날까지 76편이 전해짐.

국가총동원법 일본 제국이 중일 전쟁을 일으킨 뒤, 전쟁에 수행하기 위해 한반도 내에 인적, 물자 등 수탈하여 전쟁에 동원하여 수행한 전시 체제의 법령.

국상 왕과 나라의 일을 의논하던 최고 관리.

국자감 고려 때 유학을 가르치던 최고의 교육 기관.

군포 조선 시대에 군대 가는 것 대신 삼베나 무명의 천으로 받던 것.

군현 군현 제도란 전국을 군(郡)으로 가르고 이를 다시 현(縣)으로 갈라, 중앙 정부에서 지방관을 보내어 직접 다스리던 제도를 말한다. 이 제도에서의 군과 현을 아울러 이르는 말.

규장각 조선 정조 때 설치한 역대 임금의 글, 글씨, 고명, 유교, 어진과 많은 책을 보관하던 관아.

금난전권 조선 후기에 난전(노점상)을 규제할 수 있도록 시전 상인에게 준 특권.

긴급 조치 9호 유신 체제 때 대통령이 직권으로 발동하던 특별 조치로, 민주화 운동을 탄압하는 대표적인 조치.

김조순 순조의 장인으로 왕을 능가하는 권력을 휘둘러 세도 정치를 이끌었으며 군사력과 경제력을 확보하고 비변사의 운영마저 그의 손에 달리게 됨.

나전 공예 광채 나는 자개 모양을 박아 넣어 만든 공예.

나철 단군을 받드는 우리나라 고유의 민족 종교인 단군교(대종교)를 창립하고, 초대 교조가 됨. 문과에 급제해 관직에 임명하였으나, 일제의 침략이 심해지자 구국 운동에 앞장섰으며 을사5적을 암살하기 위한 모의를 하기도 함.

낙랑군 한나라의 무제가 BC 108년에 고조선을 멸망시키고 위만조선 내에 설치한 한사군 중 하나로 4군 중에서 최후까지 남은 유일한 군.

남북정상회담 대한민국 김대중 전 대통령과 조선민주주의인민공화국 김정일 국방위원회 위원장이 평양에서 진행한 회담. 회담 결과로 6·15 남북공동선언이 발표됨.

남연군 흥선대원군의 아버지.

다루가치 중국 원나라 때, 고려의 점령 지역에 두었던 벼슬. 점령 지역의 백성들을 직접 다스리거나 내정에 관여함.

단발령 고종 32년에 정부가 모든 성인의 남자의 상투를 자르라고 내린 명령. 고종과 태자가 시범으로 단발을 한 이후 전국적으로 실시하였으나 효도를 중시하는 우리 전통문화와 맞지 않아 국민들이 심하게 반발함. 더구나 국민들은 단발을 일본 문화로 여기고 반일 감정이 더욱 높아져 전국에서 의병 항쟁이 일어남.

당쟁 서로 마음에 맞는 당과 파를 나누어 싸우던 일.

대몽항쟁 몽골에 저항해 싸우는 것.

대방군 중국의 삼국 시대의 군벌 공손강이 204년에 설치한 행정구역. 본래는 진번군의 일부였으나 BC 82년에 낙랑군에 편입되었다가 이때에 분할되어 군으로 승격됨.

대통령직선제 모든 국민들이 직접적으로 선거에 참여해서 투표하는 것.

대화궁 고려 인종 7년(1129년)에 묘청, 정지상 등이 서경 천도를 도모하기 위하여 평양에 세운 궁.

데라우치 데라우치 마사타케. 일본의 군인으로 초대 조선 총독. 러·일 전쟁 때에는 일본군을 지휘하고, 한국을 식민지로 만들 것을 강력하게 주장하고, 헌병경찰 제도를 도입해 우리 민족을 철저하게 억압함. 1916년 일본 총리가 됨.

도요토미 히데요시 16세기 말에 일본을 통일하고, 조선을 침략해 임진왜란을 일으킨 무장.

동북 9성 고려 예종 때 윤관이 동북 지방의 여진족을 정벌하고 얻은 9개의 성. 웅주, 영주, 복주, 길주, 함주, 공험진, 의주, 통태진, 평융진에 성을 쌓은 것을 말함.

동학 1860년 최제우가 창시한 민족종교. 한울님에 대한 신앙과 보국안민(나라를 돕고 백성을 평안하게 한다), 광제창생(백성을 널리 구제한다)을 내걸어 19세기 말에 농민들에게 큰 영향을 미침.

뗀석기 돌을 깨서 만든 석기로 구석기 시대에 사용됨.

만권당 고려 충선왕이 원나라의 수도 연경(베이징)에 세운 도서관.

만적의 난 고려 무신 시대에 최충헌의 노비인 만적이 일으킨 노비 반란.

방곡령　조선 말기에 식량 부족을 막으려고 곡물 반출을 금지한 명령. 이로 인해 일본 상인들이 크게 반발했고, 외교마찰까지 불거짐. 이에 조선 정부는 일본의 항의에 굴복해 방곡령을 해제하고, 손해배상을 요구하는 일본 상인에게 보상금까지 지불하여 외교 마찰을 해결함. 그 뒤에 방곡령은 부분적으로만 시행되다가 1894년에 완전히 폐지됨.

벽골제　백제 시대의 저수지로 통일신라 때와 조선 시대에 몇 차례 고쳐 쌓음.

별무반　고려 중기에 여진을 정벌하려고 만든 특수 군사 조직.

보천보 전투　동북항일연군 가운데 김일성이 이끄는 일부 병력이 1937년 6월 4일 함북 갑산군 혜산진 보천보 일대를 잠시 점령한 사건.

봉오동 전투　홍범도, 최진동이 이끄는 독립군 부대가 만주 봉오동에서 일본군을 대파한 전투.

붕당　신하들이 뜻을 같이하는 사람들끼리 모여 당을 만든 것.

브나로드 운동　'브나로드(Vnarod)'는 '민중 속으로'를 뜻하는 러시아 말로, 동아일보에서 주도해서 전개한 농촌계몽 운동.

빙하기　지질 시대 중에서, 빙하가 발달하여 전 세계의 육지를 얼음으로 넓게 덮었던 시기.

사도세자　조선 영조의 둘째 아들로 세자에 책봉되었으나, 노론 가문 출신인 정순왕후 등의 견제로 영조와 사이가 나빠져 끝내는 뒤주에 갇혀 죽임을 당하게 됨.

사액 서원 조선 시대 왕이 서원의 이름을 쓴 현판과 노비, 서적, 토지 등을 내려준 서원. 사액 서원은 세금을 면제해 주는 등 여러 가지 혜택이 있었음.

사절 나라의 대표로 사명을 띠고 남의 나라에 가는 사람.

사화 선비들이 간신의 모함으로 입은 큰 화.

삼국사기 고려 인종 23년(1145년)경 김부식이 신라, 고구려, 백제 3국의 정치적인 흥망과 변천을 중심으로 편찬한 역사서.

삼국유사 고려 후기 일연 스님이 충렬왕 7년(1281년)에 편찬한 역사서.

삼사 조선 시대에 언론을 담당한 사헌부, 사간원, 홍문관을 말함.

상나라 상나라는 은나라의 처음 이름. 은나라는 중국 고대에 탕왕이 하나라의 걸왕을 물리치고 세운 나라로, 황허 강 중류 지역을 중심으로 갑골 문자와 청동기 문화가 발달하였음.

상정고금예문 고려 시대 법령과 도덕규범 따위를 모아 편찬한 책.

상평통보 조선 숙종 때부터 말기까지 사용한 금속 화폐. 하늘을 상징하는 둥근 모양으로, 가운데에 땅을 상징하는 정사각형의 구멍을 뚫고, 상·하·좌·우에 한 자씩 상평통보라고 새겼으며 뒷면에 만든 관청을 표시했음.

새남터 조선 시대에 중죄인의 사형을 집행하던 곳. 지금의 서울시 용산구 이촌동 앞에 있는 한강변의 모래사장. 1801년 이후로 천주교 신자들의 순교지가 됨.

서기 백제 근초고왕 30년(375년)에 고흥이 지은 백제의 역사서. 오늘날에는 전하지 않음.

세도 정치 조선 후기에 나타난 정치 운영 형태. 극소수의 왕의 외척이 왕권을 능가하는 권력을 휘드르며 정치를 주도함.

세손 왕세자의 맏아들.

속장경 고려 시대에 의천이 편집·간행한 불경으로 모두 경판에 새겨 보관하였는데 몽골의 침입으로 불탐.

수렴청정 임금이 어린 나이로 즉위했을 때 왕대비나 대왕대비가 대신 정사를 돌보던 일.

시전 조선 시대 때 관아에서 임대해 주고, 특정 상품에 독점 판매권과 난전을 금지하는 특권을 주는 대신 관아에서 필요로 하는 물품을 바칠 의무를 부과하였음.

신문고 조선 태종 때 대궐의 문 위의 누각에 달아 원통한 일을 하소연할 때 치게 하던 북.

신탁 통치 국제연합의 신탁을 받아 연합국이 다른 나라의 일정한 지역을 맡아 대신 다스리는 일.

신해통공 1791년 육의전 이외의 시전에 대한 전매 특권을 폐지하고 각종 상품에 대한 개인 상인의 자유로운 매매를 인정한 상업 정책.

실정 잘못된 정치.

심양왕 중국 원나라에서 선양에 인질로 둔 고려의 왕이나 왕족에게 주던 봉작. 고려의 세력을 견제하기 위하여 두었던 것으로 충선왕이 그 시초이며 뒤에 심왕으로 고쳤음.

쌍성총관부 고려 후기에 몽골이 고려의 화주(지금의 함경남도 영흥) 이북에 설치한 통치기구.

안시성 싸움 고구려 보장왕 4년(645년)에 안시성에서 고구려와 당나라 군대 사이에 벌어졌던 치열한 공방전.

연나라 한고조 유방이 국가를 세운 후 공신이나 황족에게 지방을 나누어 주며 국을 세우게 하였는데 그 중에 한 나라를 말하는 것임.

왕거인 사건 신라 말 진성여왕 때에, 중앙귀족의 부패와 진성여왕의 실정으로 정치기강이 문란하여지자, 누군가 정치를 비방하는 글을 벽에 붙이는 사건이 일어났음. 이를 본 여왕은 당시 지배체제의 모순에 대해 비판하던 신진지식계급의 대표적 인물인 왕거인을 의심하여 감옥에 가두게 됨. 하지만 감옥에 갇힌 왕거인이 억울함을 호소하게 됨. 그런데 그날 저녁에 홀연히 구름과 안개가 끼고 벼락이 치고 우박이 쏟아지자, 그것을 두려워한 진성여왕은 왕거인을 돌려보냈다고 함.

위, 촉, 오 삼국 시대 중국의 후한이 몰락하는 2세기 말부터 위, 촉, 오가 세워져 서로 다투다가 서진이 중국을 통일하는 3세기 후반까지의 시대를 말함.

유신헌법 박정희 대통령이 '조국의 평화통일을 지향하는 헌법개정안'이라는 이름으로 공고함. 이 헌법은 대통령에게 강력한 권한을 부여했는데, 대통령 임기를 6년으로 연장하며, 국회의 권한을 약화시켰고, 법관 및 국회위원의 1/3을 대통령이 임명하며, 지방의회 구성을 통일 이후로 보류한 것 등이 주요 내용임.

유엔 전쟁 방지와 평화 유지를 위해 설립된 국제기구.

율령 모든 법률을 이르는 말.

이괄 조선 중기의 문신. 1624년 아들 이전 등과 함께 역모를 꾸민다고 모함을 받음. 이괄은 체포하러 온 관리를 죽이고 반란을 일으켜 단숨에 한양을 점령했으나 뒤쫓아 내려온 진압군에게 크게 패하고 도망하던 중에 부하에게 살해됨.

이토 히로부미 러·일 전쟁이 끝난 뒤, 우리나라를 보호국으로 만들고, 통감부를 세워 초대 통감으로 부임함. 우리나라의 독립운동을 가혹하게 진압하는 것으로 유명하고, 안중근에 의해 사살됨.

일길찬 대공의 난 신라 혜공왕의 때 일어난 귀족의 반란. 일길찬 대공이 아우인 아찬 대렴과 함께 무리를 모아 33일간 왕궁을 포위했으나, 왕의 군대가 이를 평정하여 대공과 그의 가족들을 모두 죽이고 재산을 몰수했다고 전함.

임신약조 조선이 쓰시마 섬의 도주와 맺은 무역에 관한 약속. 1510년 삼포왜란이 일어난 후 조선이 3포를 폐쇄하고 일본과의 교역을 중단하자, 물자가 부족해진 쓰시마 섬은 조선에 다시 무역을 해주길 간청함. 조선에서도 실리적인 이유로 교역을 허용하게 되어 임신약조를 맺게 됨.

적고적 신라 진성왕 10년(896년)에 나라의 도읍 서남 방면에서 일어난 도적을 말하며, 이들이 붉은 바지를 입었기 때문에 적고적이라 불렀음.

전민변정도감 고려 말기에 토지와 노비를 정리하려고 설치한 임시 관아. 농민들이 노비로 쉽게 전락하는 것을 막기 위해 두었으나, 귀족의 반발로 큰 성과를 거두지 못함.

전시과 관리나 군인들에게 토지나 땔나무를 댈 임야를 나누어 주던 규정.

정동행성 고려 후기에 원나라가 일본 정벌을 위해 설치했던 관청.

정순왕후 조선 시대 영조의 계비. 소생은 없고, 사도세자와 사이가 좋지 않았음. 1800년에 순조가 어린 나이로 즉위하자 수렴청정을 하면서 노론과 정치노선을 같이 함.

정여립 모반 사건 조선 중기의 문신. 벼슬을 버리고 고향으로 돌아가 정치 현실에 불만을 품고 있던 천민 등을 모아 무술 훈련을 시켜 호남 일대에서 세력을 확장했음. 왜구를 격퇴하기도 하고 조선왕조와 왕위를 세습해 물려주는 것을 반대했음.

정유재란 1592년부터 1598년까지 2차에 걸친 왜군의 침략으로 일어난 전쟁.

정전 통일신라 성덕왕 때 일반 백성에게 지급했던 땅. 이는 토지를 귀족들이 지배하게 되어 국가의 토지권이 약해지는 것을 걱정해, 국가가 일반 백성들에게 직접 토지를 주고 조를 걷어 국가 재정으로 삼으려고 했던 제도.

조공 종주국에게 속국이 때맞춰 바치던 예물.

조선총독부 1910년 국권피탈로부터 1945년 8·15광복까지 35년간 우리나라에 대한 식민통치 및 수탈했던 기관.

좌평 백제 때 둔 전체 십육 관등 중 첫째 등급. 고이왕 때(260년) 둔 것으로, 내신좌평·내두좌평·내법좌평·위사좌평·조정좌평·병관좌평의 여섯 좌평이 있었음.

주먹도끼 주먹에 쥐고 사용하는 도끼 형태의 뗀석기.

주초위왕 주초(走肖)는 조광조의 성 조(趙)의 변형으로 곧 조씨 성을 가진 사람이 왕이 된다는 뜻.

중건 절이나 왕궁 따위를 보수하거나 고쳐 지음.

지방자치제 일정한 지역을 기초로 하는 지방자치단체가 중앙정부로부터 상대적인 자율성을 가지고 그 지방의 행정사무를 자치기관을 통하여 자율적으로 처리하는 활동 과정.

진포 대첩 우왕 6년(1380년) 8월에 전라도 진포에서 일어난 고려군와 왜군의 해상 전투.

척화비 조선 고종 8년에 흥선대원군이 서양 세력을 거부하여 밀어낸다는 마음을 담아 서울과 지방 각처에 세운 비석. '침범하는 양이와 화친할 수 없다' 는 뜻을 새겨 넣었음.

천도 도읍을 옮김.

천혜의 요새 적이 공격하기 어려운 자연 조건을 갖춘 성이나 군사 지역.

청동검 구리에 주석이나 아연·납을 섞어 합금한 청동으로 만든 칼. 종류로는 비파형 동검과 세형 동검이 있음.

춘추 시대 중국 주나라가 동쪽으로 도읍을 옮긴 BC 770년부터 BC 403년까지 약 360년간의 혼란스러운 시대.

치안 유지법 1925년 일제가 반체제 운동을 탄압하기 위해 만든 법. 1945년까지 한반도와 대만에 적용하였음.

친정 임금이 몸소 나라를 돌봄.

칠지도 백제의 왕이 일본의 왕에게 주었다는 철제 칼.

쿠데타 지배 계급 내의 일부 세력이 무력 등의 비합리적인 수단으로 정권을 빼앗는 정치 활동.

태학 고구려의 국립 교육 기관.

토지 조사사업   1910~1918년 일본이 한국의 식민지적 토지 소유 관계를 공고히 하기 위하여 시행한 대규모의 국토조사사업.

통감부 일본이 대한제국의 내정과 외교를 감독하려고 서울에 설치했던 침략의 첨병 기관.

편액   종이나 비단, 또는 널빤지에 그림을 그리거나 글씨를 써서 방 안이나 문 위에 걸어 놓는 액자.

폐비 윤씨   연산군의 친어머니로 1476년 성종의 왕비로 책봉됨. 그러나 왕과 후궁을 독살하려는 혐의 때문에 인수 대비의 노여움을 사 폐위되어 친정을 쫓겨나 사약을 받아 죽게 됨. 후에 연산군이 이 일을 알게 되면서 갑자사화가 일어나게 됨.

포츠머스 조약   미국의 주선으로 1905년에 뉴햄프셔 주 포츠머스에서 열린 러·일 전쟁의 강화 조약. 9월 5일 일본제국의 고무라 주타로와 러시아 제국의 세르게이 비테 사이에서 체결됨. 일본은 1895년 청·일 전쟁의 승리에 이어 1905년 러·일 전쟁에서도 승리하면서, 조선에 대한 지배권을 확보하게 됨.

한사군   BC 108년 전한의 무제가 고조선을 멸망시킨 뒤에 그 영토를 통치하기 위해 설치한 낙랑군·진번군·임둔군·현도군의 4군현을 말함.

현도군   BC 108년에 전한(前漢)의 무제가 세운 한사군 가운데 가장 북쪽에 있던 군. 그 위치에 관하여는 정설이 없으며, 광개토 대왕 14년(404년) 이전에 요동군과 함께 고구려에 병합됨.

호패법   조선 시대에 16세 이상의 남자에게 신분증으로 호패를 차고 다니게 한 법.

혼일강리역대국도지도   조선 초기에 만들어진 세계 지도로, 동양에서는 가장 오래된 것임.

혼천의   세종 때 만들어진 천체의 운행과 그 위치를 측정하여 천문 시계의 구실을 하였던 기구.

홍건적의 난 홍건적은 원(몽골)나라가 망할 무렵에 원에 반대하여 일어난 중국 한족이 만든 단체. 그들이 붉은 수건을 머리에 둘렀기 때문에 홍건(붉은 수건)적이라고 불렀음.

홍산 대첩 우왕 2년(1376년)에 최영이 충남 홍산에서 왜구를 크게 무찌른 싸움.

화통도감 고려 시대에 화약 및 화기(火器)의 제조를 맡아보던 임시 관청.

황국신민서사 일본 제국이 1937년에 만들어 내 조선인들에게 외우게 한 맹세.

황산 대첩 우왕 6년(1380년) 9월에 이성계가 전라도 지리산 근방 황산에서 왜구를 격퇴시킨 싸움.

휴전협정 1953년 7월 27일 미국과 북한, 중국 사이에 체결되었다. 이 협정에 따라 군사분계선과 4km 너비의 비무장지대가 설치됨.

흉노족 BC 3세기 말부터 AD 1세기 말까지 몽골 고원과 만리장성 지대를 중심으로 활약한 유목기마민족.

흥사단 1913년 안창호가 미국 샌프란시스코에서 창립한 민족부흥운동 단체. 〈흥사단보〉를 발행하여 흥사단 안팎의 소식과 일반 교포의 계몽에 힘쓰다가 8·15 광복 후 서울로 본부를 옮겼음.

황건적의 난 중국 후한 말기인 184년에 태평도의 교조 장각이 일으킨 농민 반란. 이들은 머리에 노란 두건을 감았기 때문에 황건적이라고 불리우게 됨.

105인 사건   1911년, 일본총독부가 민족주의 인사들이 압록강 철교 준공식에 참석하려고 신의주로 가는 데라우치 마사타케 총독을 암살하려고 했다고 날조함. 민족해방운동을 탄압하기 위하여 신민회 회원을 체포하여 고문한 사건.

12목   고려의 건국 이후 처음으로 설치한 지방행정조직. 중앙집권정책을 추진하면서 983년에 12목을 설치하고 지방관으로 목사(牧使)를 파견함으로써 중앙의 지방에 대한 통제력이 체계적으로 미치기 시작함.

3.15 부정 선거   1960년 3월 15일 실시된 정·부통령 선거에서 이승만이 부정과 폭력으로써 재집권을 시도하다가 4·19혁명과 이승만 정권의 붕괴를 야기한 사건.

4.19 혁명   1960년 4월 19일에 절정을 이룬 한국 학생의 일련의 반부정·반정부 항쟁.

7.4 남북공동성명   1972년 7월 4일 남북한 당국이 국토분단 이후 최초로 통일과 관련하여 합의 발표한 역사적인 공동성명.

9주 5소경   신라가 통일 후 전국을 9주로 나누고 주 밑에 군과 현을 두어 지방관을 파견함.

IMF   국제통화기구.

OECD   경제협력개발기구.